Tesorería y Cálculo Financiero

Curso práctico

Tesorería y Cálculo Financiero

Curso práctico

Ana García Alcázar

La ley prohíbe
fotocopiar este libro

Tesorería y Cálculo Financiero. Curso práctico
Thema: KFFM – Gestión financiera y tesorería
BISAC: BUS017000 – Business & Economics / Corporate Finance / Treasury Management
© Ana García Alcázar
© De la edición: Ra-Ma 2025

Editado por:
RA-MA Editorial
Calle Jarama, 3A, Polígono Industrial Igarsa
28860 PARACUELLOS DE JARAMA, Madrid
Teléfono: 91 658 42 80
Fax: 91 662 81 39
Correo electrónico: info@grupoeditorialrama.com
Internet: www.ra-ma.es y www.ra-ma.com
ISBN impreso: 979-13-87764-98-2
ISBN ePub: 979-13-87764-99-9
Depósito legal: M-22704-2025
Maquetación: Antonio García Tomé
Diseño de portada: Antonio García Tomé
Filmación e impresión: Safekat
Impreso en España en octubre de 2025

*A Luisa,
por llegar a nuestras vidas
con paciencia, respeto y ternura.*

*Por acompañar a mi padre con amor sincero,
por alimentar el hogar con tus sabores
y por descubrir, ya sin prisas,
que en tus manos también vivía una artista.*

Índice

SOBRE LA AUTORA 13

INTRODUCCIÓN 15

**CAPÍTULO 1. NORMATIVA MERCANTIL Y FISCAL QUE REGULA LOS
INSTRUMENTOS FINANCIEROS** 17

   1.1   INTERMEDIARIOS FINANCIEROS Y AGENTES ECONÓMICOS 18
       1.1.1   Definición y papel 19
       1.1.2   Clasificación según directrices de la C.E.E. y normativa vigente .. 20
   1.2   INSTRUMENTOS FINANCIEROS EN LA EMPRESA 21
       1.2.1   Créditos y préstamos 22
       1.2.2   Leasing, renting y factoring 22
   1.3   LA LEY CAMBIARIA Y DEL CHEQUE 26
       1.3.1   Requisitos formales 27
       1.3.2   Tipos de cheques y su fiscalidad 27
       1.3.3   Transmisión y conformación 28
   1.4   INSTRUMENTOS FINANCIEROS EN LA EMPRESA 30
       1.4.1   Leasing, renting y factoring 30
       1.4.2   La letra de cambio 32
       1.4.3   Requisitos, emisión y vencimiento 32
       1.4.4   Cláusulas, aceptación y aval 33
       1.4.5   Endoso y fiscalidad 35
   1.5   EL PAGARÉ 36
       1.5.1   Definición y características 37
       1.5.2   Requisitos legales y estructura del pagaré 38
       1.5.3   Comparativa con la letra de cambio 39
       1.5.4   Usos del pagaré en la tesorería 39
       1.5.5   Aval y endoso del pagaré 40
       1.5.6   Fiscalidad del pagaré 40
   1.6   OTROS MEDIOS DE COBRO Y PAGO 41
       1.6.1   Recibo domiciliado 41
       1.6.2   Transferencia bancaria y remesas electrónicas 42

1.7   **TRIBUTOS E IMPUESTOS APLICABLES**..45
        1.7.1   Declaraciones de IVA 46
        1.7.2   Declaraciones de IRPF 47
1.8   CUESTIONARIO 50

**CAPÍTULO 2. CONFECCIÓN Y EMPLEO DE DOCUMENTOS DE COBRO Y PAGO
EN LA GESTIÓN DE TESORERÍA** **53**
2.1   DOCUMENTACIÓN CONVENCIONAL Y TELEMÁTICA...................................53
        2.1.1   Concepto de documento de cobro y pago 55
        2.1.2   Ventajas e inconvenientes de la documentación telemática......55
        2.1.3   Recibos domiciliados online: definición, uso y seguridad 56
        2.1.4   Transferencias online: pasos para la preparación y autorización..58
        2.1.5   Confección de cheques: elementos formales y fiscales..............60
        2.1.6   Emisión de pagarés: implicaciones jurídicas y financieras 62
        2.1.7   Gestión de remesas de efectos: estructura, formatos y control ..63
        2.1.8   Uso de software para la generación de documentos 64
        2.1.9   Buenas prácticas en la emisión y archivo de documentación
                  de pago...64
2.2   OPERACIONES FINANCIERAS BÁSICAS 66
        2.2.1   Introducción a los instrumentos financieros en tesorería..........66
        2.2.2   Factoring: tipos, funcionamiento, ventajas y limitaciones 67
        2.2.3   Confirming: estructura operativa y beneficios para proveedores ..71
        2.2.4   Diferencias clave entre factoring y confirming............................73
        2.2.5   Gestión de efectos: planificación y control de vencimientos 74
        2.2.6   Clasificación de los efectos comerciales según su naturaleza 75
        2.2.7   Proceso de cobro a través de entidades financieras...................77
        2.2.8   Registro contable de las operaciones financieras básicas..........80
        2.2.9   Análisis de riesgos en operaciones de anticipo de cobro...........83
2.3   LIBROS REGISTROS...85
        2.3.1   Obligaciones legales y fiscales de los libros registro 85
2.4   LIBROS REGISTROS...86
        2.4.1   Obligaciones legales y fiscales de los libros registro 86
        2.4.2   Registro de cheques emitidos: contenido y estructura 89
        2.4.3   Registro de endosos: control de cesiones y transmisiones 91
        2.4.4   Registro de transferencias: trazabilidad y validación 92
        2.4.5   Registro de transferencias: trazabilidad y validación 93
        2.4.6   Ejemplo de cumplimentación de un libro de efectos..................94
        2.4.7   Control interno mediante libros auxiliares...............................96
        2.4.8   Aplicaciones informáticas para el registro automatizado...........97
        2.4.9   Normas de conservación documental......................................98
        2.4.10   Conciliación de registros con extractos bancarios 99
        2.4.11   Verificación y auditoría de libros de cobro y pago 101
2.5   TARJETAS DE CRÉDITO Y DÉBITO 102
        2.5.1   Diferencias entre tarjetas de crédito, débito y prepago............103

2.5.2 Políticas internas para el uso de tarjetas en empresas............104
2.5.3 Identificación y clasificación de movimientos 105
2.5.4 Punteo de operaciones con tarjetas 106
2.5.5 Proceso de conciliación contable 106
2.5.6 Registro y justificación de gastos con tarjeta 107
2.5.7 Seguridad y control del fraude..108
2.5.8 Impacto fiscal del uso de tarjetas en la empresa 108
2.5.9 Ejemplo: conciliación con tarjeta empresarial........................109
2.5.10 Normativa aplicable y recomendaciones del Banco
de España 109
2.6 TESORERÍA Y DOCUMENTACIÓN A TRAVÉS DE BANCA ONLINE..............110
2.6.1 Funcionalidades comunes de la banca online empresarial......110
2.6.2 Consulta y descarga de extractos bancarios..........................111
2.6.3 Obtención de justificantes de pagos y cobros 112
2.6.4 Acceso y presentación de documentación fiscal online 112
2.6.5 Certificados digitales y acceso seguro.................................113
2.6.6 Uso de plataformas oficiales: AEAT, Seguridad Social..............114
2.6.7 Gestión documental electrónica: archivo y conservación.........114
2.6.8 Validación de movimientos y conciliaciones en línea..............115
2.6.9 Procedimientos para la firma digital de operaciones..............115
2.6.10 Automatización de la gestión de tesorería a través de APIs
bancarias 117
2.7 CUESTIONARIO..120

CAPÍTULO 3. MÉTODOS BÁSICOS DE CONTROL DE TESORERÍA.........................123
3.1 PRESUPUESTO DE TESORERÍA 123
3.1.1 Finalidad y características..124
3.1.2 Elaboración y aprobación..126
3.2 LIBRO DE CAJA 129
3.2.1 Arqueo de caja 130
3.2.2 Punteo y cuadre contable 131
3.2.3 Identificación de diferencias...133
3.3 LIBRO DE BANCOS..134
3.3.1 Finalidad y procedimiento...135
3.3.2 Conciliación con contabilidad 136
3.4 CASO PRÁCTICO...139
3.5 CUESTIONARIO..142

CAPÍTULO 4. OPERACIONES DE CÁLCULO FINANCIERO Y COMERCIAL 145
4.1 INTERÉS SIMPLE 146
4.1.1 Concepto de capital, tipo de interés y tiempo 147
4.1.2 Ley de capitalización simple 148
4.1.3 Fórmula general del interés simple 149
4.1.4 Cálculo del capital final 150

4.1.5   Cálculo del interés en un periodo inferior al año 151
4.1.6   Determinación de cualquiera de las variables 153
4.1.7   Aplicaciones prácticas en operaciones comerciales 153
4.1.8   Ejemplos resueltos 154
4.1.9   Actividades de autoevaluación (resueltas) 155

4.2   APLICACIÓN DEL INTERÉS COMPUESTO EN OPERACIONES BÁSICAS DE
TESORERÍA 157
4.2.1   Interés compuesto: concepto 157
4.2.2   Ley de capitalización compuesta 158
4.2.3   Frecuencia de capitalización y tasas equivalentes 159
4.2.4   Interés compuesto con periodos fraccionarios 160
4.2.5   Capitalización continua y fuerza de interés 160
4.2.6   Equivalencia financiera bajo interés compuesto 160
4.2.7   Aplicaciones prácticas en tesorería 161
4.2.8   Errores frecuentes y buenas prácticas 161

4.3   DESCUENTO SIMPLE 162
4.3.1   Conceptos básicos 163
4.3.2   Descuento comercial simple 163
4.3.3   Descuento racional simple 164
4.3.4   Comparación entre descuento comercial y racional 166
4.3.5   4.3.5. Equivalencia entre tasas de interés y descuento 166
4.3.6   Coste efectivo del descuento con comisiones y gastos 167
4.3.7   Gestión de carteras de efectos 168
4.3.8   Errores frecuentes y buenas prácticas 168

4.4   CUENTAS CORRIENTES 169
4.4.1   Concepto, estructura y documentación 169
4.4.2   Fechas valor y devengo 170
4.4.3   Procedimientos de liquidación de cuentas 170
4.4.4   Cálculo de intereses en cuentas corrientes 171
4.4.5   Comisiones y gastos asociados 172
4.4.6   Ejemplo integral de liquidación 172
4.4.7   Errores frecuentes y buenas prácticas 173

4.5   CUENTAS DE CRÉDITO 174
4.5.1   Concepto y características 174
4.5.2   Funcionamiento de una cuenta de crédito 174
4.5.3   Intereses en cuentas de crédito 175
4.5.4   Comisiones habituales en cuentas de crédito 176
4.5.5   Liquidación de una póliza de crédito 176
4.5.6   Coste efectivo o TAE de la cuenta de crédito 177
4.5.7   Errores frecuentes y buenas prácticas 178

4.6   CÁLCULO DE COMISIONES BANCARIAS 178
4.6.1   Tipos de comisiones bancarias más habituales 179
4.6.2   Fórmulas generales de cálculo 179
4.6.3   Ejemplos prácticos 180

4.6.4 Impacto de las comisiones en la tesorería 181
4.6.5 Estrategias para reducir el impacto de las comisiones 181
4.6.6 Errores frecuentes y buenas prácticas 181
4.7 HERRAMIENTAS DE CÁLCULO Y CONTROL EN TESORERÍA 182
4.7.1 Hojas de cálculo 183
4.7.2 Funciones financieras 184
4.7.3 Plantillas de liquidación 186
4.7.4 Validación de resultados y control de errores 187
4.7.5 Automatización mediante Excel 187
4.7.6 Programas especializados de gestión de tesorería 190
4.7.7 Cuadro resumen 190
4.8 CUESTIONARIO 191

CAPÍTULO 5. MEDIOS Y PLAZOS DE PRESENTACIÓN DE LA DOCUMENTACIÓN 195
5.1 FORMAS DE PRESENTACIÓN 197
5.1.1 Presentación telemática 197
5.1.2 Presentación presencial.. 199
5.2 ORGANISMOS RECEPTORES 201
5.2.1 Agencia Tributaria 202
5.2.2 Seguridad Social... 203
5.2.3 Otros organismos competentes...................................... 205
5.3 ACTIVIDADES DE AUTOEVALUACIÓN 206
5.4 TRAMITACIÓN ONLINE... 208
5.4.1 Certificado de usuario... 209
5.4.2 Plazos y registro 214
5.4.3 Búsqueda de información.. 215
5.5 HERRAMIENTAS DE APOYO DIGITAL... 216
5.5.1 Programas de ayuda 217
5.5.2 Mecanismos de pago online... 218
5.5.3 Banca electrónica 219
5.6 CONSECUENCIAS DEL INCUMPLIMIENTO EN PLAZOS Y FORMAS 220
5.6.1 Recargos automáticos.. 221
5.6.2 Intereses de demora... 221
5.6.3 Sanciones administrativas 222
5.6.4 Pérdida de derechos y efectos legales 223
5.6.5 Impacto reputacional.. 224
5.7 BUENAS PRÁCTICAS EN LA GESTIÓN DOCUMENTAL 224
5.7.1 Planificación anticipada de plazos 225
5.7.2 Uso de alertas electrónicas....................................... 225
5.7.3 Conservación y organización de justificantes 226
5.7.4 Formación y actualización del personal............................ 226
5.7.5 Revisión normativa periódica...................................... 226
5.7.6 Cultura organizacional orientada al cumplimiento 227
5.8 CUESTIONARIO... 228

Sobre la autora

Ana García Alcázar es licencia en ADE y en Ciencias Empresariales por la Universidad Complutense de Madrid. Cuenta con más de veinte años de experiencia profesional en los ámbitos de la gestión financiera, la contabilidad y la administración pública.

Actualmente desempeña el cargo responsable de administración y contabilidad de entidades de formación donde coordina la planificación, ejecución y control presupuestario de proyectos de carácter público y privado financiados con fondos nacionales e internacionales.

A lo largo de su trayectoria, ha impulsado la implantación de herramientas digitales en la gestión económica y documental, contribuyendo activamente a la modernización administrativa y a la transformación digital del sector público.

Es autora de varias obras especializadas publicadas por Editorial RA-MA, entre ellas:

- ▼ *Firma Electrónica: Las Nuevas Tecnologías en la Comunicación*
- ▼ *Factura Digital (ADGG022PO)*
- ▼ *Firma Digital, Certificado Electrónico y Factura Electrónica*
- ▼ *La Firma Digital (IFCM012PO)*

Su perfil combina el rigor técnico con una clara vocación divulgativa, acercando al lector los fundamentos de la gestión económica moderna y el uso de las tecnologías aplicadas al ámbito financiero y formativo.

Introducción

La gestión operativa de la tesorería es una de las funciones más críticas dentro de la administración empresarial. No se trata únicamente de registrar operaciones financieras, sino de prever, controlar y decidir sobre los flujos de efectivo de manera que la empresa disponga siempre de los recursos necesarios para cumplir con sus compromisos. La liquidez, más que una cifra contable, es la base de la estabilidad y de la supervivencia de cualquier organización.

En el contexto actual, las empresas se enfrentan a un entorno caracterizado por la globalización de los mercados, la incertidumbre económica, el endurecimiento de las normativas y la digitalización de los procesos administrativos. Este escenario exige contar con herramientas eficaces para gestionar la tesorería de forma profesional. Un error en la previsión de cobros y pagos, la falta de control sobre las cuentas bancarias o el desconocimiento de los costes financieros puede derivar en sanciones, pérdidas económicas y deterioro de la imagen de la empresa.

Este manual ofrece una visión amplia y detallada de las técnicas y operaciones esenciales para gestionar la tesorería de manera eficiente. A lo largo de sus capítulos se abordan los métodos básicos de control — presupuesto de tesorería, libro de caja y libro de bancos—, así como los principales instrumentos de cálculo financiero: interés simple, interés compuesto, operaciones de descuento de efectos, liquidación de cuentas corrientes y pólizas de crédito, cálculo de comisiones bancarias y uso de herramientas de apoyo digital.

Cada concepto se explica paso a paso, acompañado de fórmulas matemáticas desglosadas, cuadros comparativos, ejemplos prácticos resueltos y actividades de autoevaluación que consolidan el aprendizaje. De este modo, el libro combina la claridad didáctica con la rigurosidad técnica, facilitando la comprensión a estudiantes sin conocimientos previos y, a la vez, sirviendo como guía de consulta para profesionales en activo.

El lector descubrirá no solo cómo realizar cálculos financieros, sino también cómo interpretarlos y aplicarlos en la toma de decisiones empresariales. El control de la tesorería no es un fin en sí mismo, sino una herramienta para optimizar los recursos, mejorar la capacidad de negociación con bancos y proveedores, reducir riesgos y garantizar la continuidad del negocio.

En suma, esta obra pretende ser un recurso integral que acompañe al estudiante y al profesional en el desarrollo de competencias clave para la gestión financiera. Una obra que une teoría, práctica y tecnología para convertir la tesorería en una verdadera ventaja competitiva dentro de la organización.

1

Normativa mercantil y fiscal que regula los instrumentos financieros

Una buena gestión de la tesorería en la empresa requiere no solo habilidad técnica, sino también un conocimiento profundo de las normas legales que rigen el uso de los instrumentos financieros. La normativa mercantil y fiscal ofrece el marco jurídico dentro del cual deben desarrollarse las operaciones de cobro, pago, financiación e inversión. Conocer y aplicar correctamente estas normativas no solo garantiza el cumplimiento legal, sino que permite aprovechar al máximo las herramientas que el sistema financiero pone a disposición de las organizaciones.

Este capítulo sienta las bases conceptuales y normativas para entender cómo se regulan y utilizan los instrumentos financieros en el contexto empresarial. Se abordarán los diferentes intermediarios financieros que operan en el mercado español y europeo, así como su papel en la economía. También se explicarán los instrumentos más utilizados por las empresas —como préstamos, créditos, letras de cambio, cheques y pagarés—, profundizando en sus características, requisitos legales, fiscalidad y condiciones de uso.

Además, se presentará la Ley Cambiaria y del Cheque como texto normativo esencial, y se explorarán medios de pago tradicionales y electrónicos, identificando sus ventajas y aplicaciones. Por último, se revisará el impacto fiscal de estas operaciones, con especial atención al IVA y al IRPF, y cómo se traducen en obligaciones de declaración por parte de las empresas.

A través de ejemplos prácticos, gráficos ilustrativos y cuadros comparativos, este capítulo busca facilitar la comprensión de una materia que es tanto estratégica como técnica, y que resulta imprescindible para cualquier profesional que gestione o supervise flujos financieros dentro de una organización.

1.1 INTERMEDIARIOS FINANCIEROS Y AGENTES ECONÓMICOS

El sistema financiero constituye una de las bases estructurales de la economía moderna. Su buen funcionamiento permite que los recursos económicos circulen de forma eficiente, conectando a quienes disponen de excedentes de capital con quienes requieren financiación. Dentro de este sistema, los intermediarios financieros y los agentes económicos desempeñan un papel clave en la redistribución del dinero, la generación de confianza y la promoción del crecimiento.

Comprender el papel que juegan estos actores es esencial para cualquier profesional de la gestión de tesorería, ya que son los interlocutores directos en muchas de las operaciones financieras que una empresa debe afrontar: desde la solicitud de un crédito, hasta la inversión en productos financieros o la gestión del riesgo. En este apartado se explora en profundidad quiénes son, cómo se clasifican, cuál es su marco legal y qué funciones específicas cumplen.

1.1.1 Definición y papel

Los intermediarios financieros son entidades que canalizan el ahorro de los agentes económicos hacia la inversión productiva. Su principal función es actuar como puente entre quienes tienen recursos y quienes los necesitan, lo cual permite aumentar la eficiencia en la asignación del capital y mejorar la estabilidad del sistema financiero. Actúan como garantes del buen uso de los fondos prestados y disminuyen los riesgos mediante análisis de solvencia, garantías y diversificación.

Por su parte, los agentes económicos son las unidades básicas de decisión dentro de cualquier economía. Pueden clasificarse en tres grandes categorías: los hogares, que consumen y ahorran; las empresas, que producen y demandan capital; las administraciones públicas, que recaudan e invierten recursos públicos; y el sector externo, que interactúa mediante exportaciones, importaciones y movimientos financieros internacionales. Cada uno de estos actores mantiene relaciones de intercambio con los intermediarios financieros, generando una red compleja y dinámica que sostiene el sistema económico global.

El conocimiento profundo de estas interacciones es imprescindible para una correcta gestión de tesorería, ya que permite anticiparse a las condiciones del mercado, entender las ofertas de servicios financieros y valorar adecuadamente los riesgos asociados a cada decisión. Además, saber identificar y analizar el papel de cada agente financiero facilita la toma de decisiones estratégicas que pueden incidir de manera directa en la sostenibilidad económica y operativa de la empresa.

1.1.2 Clasificación según directrices de la C.E.E. y normativa vigente

La Comunidad Económica Europea (C.E.E.), antecedente directo de la actual Unión Europea, estableció en su momento una **clasificación normalizada de los intermediarios financieros** con el objetivo de armonizar criterios y garantizar estándares comunes de **regulación, supervisión y control** entre los Estados miembros.

Este marco ha evolucionado con la legislación comunitaria actual, recogida en diversas **Directivas y Reglamentos de la Unión Europea** —como la **Directiva 2013/36/UE (CRD IV)** relativa al acceso a la actividad de las entidades de crédito y a la supervisión prudencial de las entidades de crédito y empresas de inversión, o el **Reglamento (UE) nº 575/2013 (CRR)** sobre requisitos prudenciales—, y adaptada en España a través de normas como la **Ley 10/2014 de ordenación, supervisión y solvencia de entidades de crédito**, así como el **Real Decreto Legislativo 4/2015** por el que se aprueba el texto refundido de la Ley del Mercado de Valores.

De acuerdo con esta clasificación y su evolución normativa, los principales intermediarios financieros son:

- **Bancos comerciales**: desarrollan la actividad bancaria tradicional, captando depósitos, concediendo préstamos, gestionando cuentas corrientes y ofreciendo medios de pago. Además, actúan como intermediarios en los mercados financieros.

- **Entidades de crédito**: engloban a bancos, cajas de ahorro y cooperativas de crédito. Están autorizadas legalmente para realizar operaciones de activo y pasivo, y se encuentran bajo la supervisión del **Banco Central Europeo (BCE)** y el **Banco de España**.

- **Instituciones de Inversión Colectiva (I.I.C.)**: comprenden fondos y sociedades de inversión que canalizan el capital de múltiples partícipes, diversifican riesgos y facilitan el acceso a mercados especializados. Su regulación en España está recogida en la **Ley 35/2003 de instituciones de inversión colectiva**.

- **Compañías aseguradoras y fondos de pensiones**: gestionan el ahorro a largo plazo y ofrecen cobertura frente a contingencias. Se regulan en el marco de la **Ley 20/2015 de ordenación, supervisión y solvencia de entidades aseguradoras y reaseguradoras**, así como en la normativa específica de planes y fondos de pensiones.

▸ **Intermediarios de valores**: sociedades y agencias de valores que operan en mercados regulados o alternativos, asesorando y gestionando inversiones de terceros. Están supervisados por la **CNMV (Comisión Nacional del Mercado de Valores)**.

Esta clasificación, respaldada por la normativa europea y española, es fundamental para comprender las competencias, limitaciones y obligaciones legales de cada tipo de intermediario. Además, proporciona a las empresas criterios claros para seleccionar adecuadamente a sus proveedores financieros en función de sus necesidades de liquidez, inversión o cobertura de riesgos.

1.2 INSTRUMENTOS FINANCIEROS EN LA EMPRESA

La financiación es una función esencial en la gestión de cualquier empresa. Para cubrir sus necesidades operativas y estratégicas, las organizaciones recurren a una amplia gama de instrumentos financieros. Estos mecanismos les permiten obtener liquidez, financiar inversiones, cubrir desfases temporales de tesorería o protegerse frente a riesgos. Comprender el funcionamiento, ventajas y limitaciones de cada uno de estos instrumentos es crucial para una gestión financiera eficaz, especialmente desde el área de tesorería, encargada de mantener el equilibrio entre ingresos y pagos a corto plazo.

Los instrumentos financieros disponibles se pueden clasificar en dos grandes grupos: los que se utilizan para obtener financiación externa y los que sirven para gestionar los cobros y pagos. Entre los primeros destacan los créditos, préstamos, leasing, renting y factoring. Estos productos pueden proceder de entidades bancarias u otras instituciones financieras y se formalizan mediante contratos que estipulan condiciones como plazos, intereses, garantías y formas de amortización.

1.2.1 Créditos y préstamos

Los créditos y préstamos representan las formas más comunes de financiación externa. Aunque similares en apariencia, existen diferencias significativas entre ambos.

- ▸ **Crédito en cuenta corriente**: se caracteriza por su flexibilidad. El banco pone a disposición de la empresa un límite de crédito que puede utilizarse parcial o totalmente según sus necesidades. Se paga interés solo sobre las cantidades dispuestas y por el tiempo que se mantienen. Es útil para gestionar picos de liquidez o afrontar pagos imprevistos. Requiere renovación periódica y suele estar vinculado a condiciones como comisiones de apertura o mantenimiento.

- ▸ **Préstamo**: consiste en la entrega de una cantidad fija de dinero que la empresa debe devolver en un plazo acordado, junto con los intereses. El calendario de amortización puede ser mensual, trimestral o anual, y el capital puede devolverse de forma constante o decreciente. Es ideal para financiar inversiones concretas y de mayor plazo, como ampliaciones de instalaciones, adquisición de bienes de equipo o digitalización de procesos.

La elección entre crédito o préstamo depende del objetivo financiero, la situación económica de la empresa y el coste total de cada opción. En ambos casos, es fundamental negociar las condiciones contractuales con rigor y evaluar el impacto en la estructura de deuda. Es recomendable analizar la Tasa Anual Equivalente (TAE), las comisiones asociadas, los posibles productos vinculados y las cláusulas de cancelación anticipada.

1.2.2 Leasing, renting y factoring

En el ámbito empresarial, las organizaciones necesitan disponer de diferentes instrumentos financieros que les permitan acceder a bienes, servicios o liquidez sin comprometer de manera excesiva su tesorería. Entre estas herramientas destacan el **leasing**, el **renting** y el **factoring**, figuras jurídicas y financieras que, aunque persiguen objetivos distintos, comparten la finalidad de facilitar la gestión económica de la empresa.

El **leasing** (arrendamiento financiero) y el **renting** (arrendamiento operativo) son modalidades de financiación orientadas al uso de bienes de inversión —como vehículos, equipos tecnológicos o maquinaria— sin necesidad de realizar una compra inicial. Estas fórmulas permiten a las empresas adaptarse a un entorno en el que la renovación constante de activos resulta esencial para mantener la competitividad. La diferencia principal entre ambas modalidades reside en la existencia, o no, de una opción de compra al finalizar el contrato y en los servicios adicionales que incluyen.

Por otro lado, el **factoring** constituye un contrato de cesión de créditos mediante el cual una empresa transmite sus facturas pendientes de cobro a una entidad financiera especializada. A cambio, recibe liquidez inmediata y, en muchos casos, servicios adicionales como la gestión del cobro, la cobertura frente a insolvencias o el análisis de riesgos de sus clientes.

Estos tres instrumentos se regulan en España bajo diferentes marcos jurídicos, como el **Código de Comercio**, la **Ley 10/2014 de ordenación, supervisión y solvencia de entidades de crédito**, así como la normativa fiscal que establece la deducibilidad de cuotas y gastos. Su estudio resulta clave para comprender cómo las empresas pueden optimizar sus recursos financieros, reducir riesgos y mejorar su capacidad de inversión y crecimiento.

Leasing (arrendamiento financiero)

El leasing es un contrato de arrendamiento mediante el cual una empresa puede utilizar un bien (como un coche o una máquina) a cambio del pago de cuotas periódicas Al finalizar el contrato, suele incluirse una opción de compra por un valor residual.

Ventajas:

- ▶ No es necesaria una inversión inicial elevada.
- ▶ Las cuotas son deducibles fiscalmente.
- ▶ Facilita la renovación de equipamiento.

Inconvenientes:

▼ El coste total suele ser superior a la compra directa.

▼ Obligación de permanencia hasta el fin del contrato.

Renting (arrendamiento operativo)

A diferencia del leasing, el renting no contempla opción de compra y suele incluir servicios añadidos como mantenimiento, seguro o asistencia técnica. Es común en vehículos de empresa o equipamiento informático.

Característica	Leasing	Renting
Opción de compra	Sí	No
Duración del contrato	Media-larga	Corta-media
Servicios incluidos	No	Sí (mantenimiento, seguros...)
Propiedad del bien	Posible al final del contrato	No

Tabla 1.1. Comparativa Leasing vs Renting

Factoring

El **factoring** es un contrato financiero y mercantil mediante el cual una empresa (**cedente**) transfiere sus derechos de cobro —generalmente facturas emitidas a clientes con vencimiento a corto plazo— a una entidad financiera o sociedad especializada denominada **factor**.

A cambio de esta cesión, la empresa recibe de manera inmediata un **anticipo** del importe de las facturas, deducida la comisión y los intereses pactados. El factor, además de adelantar liquidez, asume distintas funciones que pueden incluir la gestión de cobros, la cobertura del riesgo de insolvencia de los deudores y el análisis de la cartera de clientes.

Este instrumento se ha convertido en una herramienta clave para la financiación empresarial, especialmente para pymes que necesitan mejorar su liquidez sin recurrir a préstamos tradicionales.

Tipos de factoring

- **Factoring con recurso**: si el cliente final no paga, la empresa cedente debe devolver al factor el importe anticipado. El riesgo de impago recae sobre la empresa.

- **Factoring sin recurso**: el factor asume el riesgo de insolvencia del deudor. En este caso, la empresa obtiene mayor seguridad, aunque la comisión suele ser más elevada.

EJEMPLO

Una pyme emite una factura de 10.000 € a 60 días. Si recurre a un contrato de factoring sin recurso, el factor le anticipa inmediatamente el 90 % del importe (9.000 €). Pasados los 60 días, será el factor quien reclame el pago al cliente y, si este no paga, asumirá la pérdida.

Ventajas del factoring

- **Liquidez inmediata**: convierte ventas a crédito en efectivo disponible.

- **Reducción de costes administrativos**: la gestión de cobro la asume el factor.

- **Seguridad financiera**: en el factoring sin recurso, la empresa se protege frente a impagos.

- **Mejor gestión de clientes**: el factor suele ofrecer información sobre la solvencia de los deudores.

Limitaciones del factoring

- **Coste elevado**: las comisiones y los intereses pueden ser más altos que en otras formas de financiación.

- **Dependencia de la solvencia del cliente**: el factor analiza previamente la cartera de clientes y puede rechazar facturas de deudores con alto riesgo.

- **Posible pérdida de autonomía**: en algunos contratos, el factor se relaciona directamente con los clientes, lo que puede afectar la relación comercial.

Modalidad	Características	Quién asume el riesgo de impago	Comisión	Adecuado para...
Con recurso	La empresa recibe el anticipo, pero si el cliente no paga debe reintegrar el importe.	Empresa cedente	Más baja	Empresas con clientes solventes.
Sin recurso	El factor asume el riesgo de impago del deudor.	Factor	Más alta	Empresas que buscan seguridad y cobertura frente a insolvencias.

Tabla 1.2. Tabla comparativa de tipos de factoring

En conclusión, el factoring es más que un simple anticipo: es una solución integral de financiación y gestión de riesgos, que puede adaptarse según las necesidades de liquidez y el perfil de los clientes de la empresa.

1.3 LA LEY CAMBIARIA Y DEL CHEQUE

La Ley Cambiaria y del Cheque (Ley 19/1985, de 16 de julio) regula en España los documentos mercantiles que se utilizan como medios de pago en las relaciones comerciales, principalmente la letra de cambio, el pagaré y el cheque. Su propósito es dotar a estos instrumentos de un marco jurídico claro y uniforme que garantice su validez, circulación y ejecución judicial en caso de impago.

BANCO DE LA ABUNDANCIA
Calle Cualquiera 123, Cualquier Lugar

FECHA

PÁGUESE A LA ORDEN DE _____
POR CONCEPTO DE _____

$

Camino al agradecimiento y la abundancia

FIRMA

El conocimiento detallado de esta ley resulta esencial en la gestión operativa de la tesorería, ya que estos documentos son usados habitualmente como mecanismos para formalizar pagos aplazados, garantizar operaciones o facilitar la financiación mediante su descuento en entidades bancarias. Su correcta utilización contribuye a la fluidez de las operaciones comerciales, mientras que un mal uso puede acarrear consecuencias legales y pérdidas económicas.

1.3.1 Requisitos formales

Para que un cheque, pagaré o letra de cambio tenga validez legal y pueda generar efectos jurídicos (por ejemplo, su ejecución en caso de impago), debe cumplir una serie de **requisitos formales**, establecidos en la ley. La ausencia de alguno de estos requisitos puede invalidar el documento o dificultar su cobro.

Requisito	Descripción
Denominación del instrumento	Debe figurar expresamente la palabra "cheque", "letra de cambio" o "pagaré".
Orden incondicional de pago	No puede estar sujeta a condiciones.
Nombre del beneficiario	Persona física o jurídica que recibirá el pago.
Lugar y fecha de emisión	Datos esenciales que definen su validez y vencimiento.
Firma del emisor (librador)	Sin ella, el documento carece de valor legal.

Tabla 1.3. Requisitos comunes para estos instrumentos

1.3.2 Tipos de cheques y su fiscalidad

El cheque es un documento de pago a la vista que ordena a una entidad bancaria pagar una determinada cantidad de dinero a un beneficiario. Existen diferentes tipos de cheques en función de sus características y forma de emisión, lo cual influye en su utilización y riesgos asociados.

Tipo de cheque	Características clave
Cheque nominativo "a la orden"	Pagadero a una persona concreta, permite endoso a terceros.
Cheque nominativo "no a la orden"	Solo puede cobrarlo el beneficiario original, no permite endoso.
Cheque al portador	Puede cobrarlo cualquier persona que lo presente al cobro.
Cheque cruzado	Solo puede cobrarse mediante ingreso en cuenta.
Cheque conformado	El banco garantiza fondos en cuenta en el momento de su emisión.

Tabla 1.4. Principales tipos de cheques

Fiscalidad del cheque

Aunque los cheques no están sujetos a IVA directamente, sí tienen implicaciones fiscales. Por ejemplo, en caso de impago, se pueden utilizar como prueba ante Hacienda del intento de cobro. También son útiles como justificante de pago en la contabilidad de la empresa y pueden intervenir en procesos judiciales si se han entregado como medio de pago.

1.3.3 Transmisión y conformación

Los cheques pueden **transmitirse** mediante endoso (si son "a la orden") o mediante cesión ordinaria (si son "no a la orden"). El **endoso** es una declaración escrita en el reverso del cheque que transfiere la propiedad del mismo a otra persona. Es habitual en operaciones entre empresas que ceden cheques de clientes como forma de pago a proveedores.

EJEMPLO

Una empresa A recibe un cheque de 5.000 € de un cliente. Puede endosarlo a su proveedor B como forma de pago de una factura pendiente.

Conformación del cheque

La conformación consiste en la **garantía por parte del banco** de que existen fondos suficientes en la cuenta del librador para atender el cheque. Esta práctica da mayor seguridad al beneficiario, aunque no obliga al banco a mantener esos fondos reservados.

Cheque cruzado

El **cruzado** es un cheque que no puede cobrarse en efectivo, sino que debe ingresarse en una cuenta bancaria. Se cruza dibujando dos líneas paralelas en el anverso. Este tipo de cheque se utiliza para aumentar la trazabilidad del pago y evitar fraudes.

Tipos de endoso aplicables

Cuando el cheque lo permite (cheques a la orden), la transmisión a un tercero puede realizarse mediante:

- **Endoso pleno o traslativo**: transmite al endosatario la plena titularidad del cheque, con todos los derechos que conlleva.

- **Endoso en procuración**: confiere al endosatario únicamente la facultad de cobrar el cheque en nombre del endosante (similar a un mandato).

- **Endoso en garantía**: otorga al endosatario el derecho a cobrar el cheque como forma de garantía de una obligación, sin transmitir la propiedad plena.

Tipo de cheque	Puede endosarse	Requiere ingreso en cuenta	Garantiza fondos
Al portador	No	No	No
Nominativo "a la orden"	Sí	No	No
Nominativo "no a la orden"	No	No	No
Cruzado	Variable	Sí	No
Conformado	Variable	No necesariamente	Sí

Tabla 1.5. Cuadro comparativo: tipos de cheques

▌ **EJEMPLO DE USO EN TESORERÍA**

Una pyme desea aplazar el pago de una compra a proveedor. En lugar de hacer una transferencia inmediata, emite un cheque nominativo a 30 días vista. Este cheque puede ser presentado al cobro por el proveedor en la fecha acordada o incluso descontado por el proveedor en su entidad bancaria

1.4 INSTRUMENTOS FINANCIEROS EN LA EMPRESA

La actividad financiera de una empresa no puede concebirse sin la correcta elección y gestión de los instrumentos financieros que tiene a su disposición. Estos instrumentos representan las herramientas mediante las cuales una organización accede a fuentes de financiación, optimiza su tesorería o gestiona cobros y pagos con terceros. Su correcto uso incide directamente sobre la liquidez, la rentabilidad, el riesgo financiero y la flexibilidad operativa. Por este motivo, es esencial que el personal encargado de la gestión operativa de la tesorería conozca sus características, sus implicaciones contables y fiscales, y su adecuación a diferentes contextos empresariales.

A lo largo de este apartado se describen, clasifican y analizan los principales instrumentos financieros que suelen utilizar las empresas. Se abordan desde una perspectiva práctica, resaltando sus aplicaciones más frecuentes, ventajas e inconvenientes, así como recomendaciones para su selección adecuada.

1.4.1 Leasing, renting y factoring

Leasing (arrendamiento financiero): permite a la empresa utilizar un bien durante un plazo determinado, a cambio del pago de cuotas periódicas, con opción a compra al final del contrato. Es muy común para adquirir vehículos, equipos informáticos o maquinaria. Contablemente, puede implicar la activación del bien y su amortización. Fiscalmente, los pagos pueden ser deducibles.

Renting: similar al leasing, pero sin opción de compra. El arrendador se encarga del mantenimiento, sustituciones y seguros, lo que alivia a la empresa de gestiones y costes adicionales. Es ideal para pymes que buscan externalizar la gestión de ciertos activos como flotas de vehículos.

Factoring: consiste en la cesión de los derechos de cobro (facturas emitidas a clientes) a una empresa financiera que adelanta el importe correspondiente. Puede incluir la asunción del riesgo de impago (factoring sin recurso). Mejora la liquidez y reduce la carga administrativa asociada al cobro.

EJEMPLO

Una empresa de servicios de mantenimiento industrial tiene una cartera de clientes solventes, pero cobra sus facturas a 90 días. A través del factoring, puede adelantar el cobro de esas facturas y hacer frente a gastos corrientes como salarios o compras de materiales sin recurrir a endeudamiento adicional.

Instrumento	Objeto	Opción de compra	Costes adicionales	Uso habitual
Leasing	Bienes de inversión	Sí	Mantenimiento externo	Equipamiento, maquinaria
Renting	Bienes de uso	No	Servicios incluidos	Vehículos, ofimática
Factoring	Facturas pendientes	No aplica	Comisión + intereses	Gestión de cobros

Tabla 1.6. Esquema comparativo

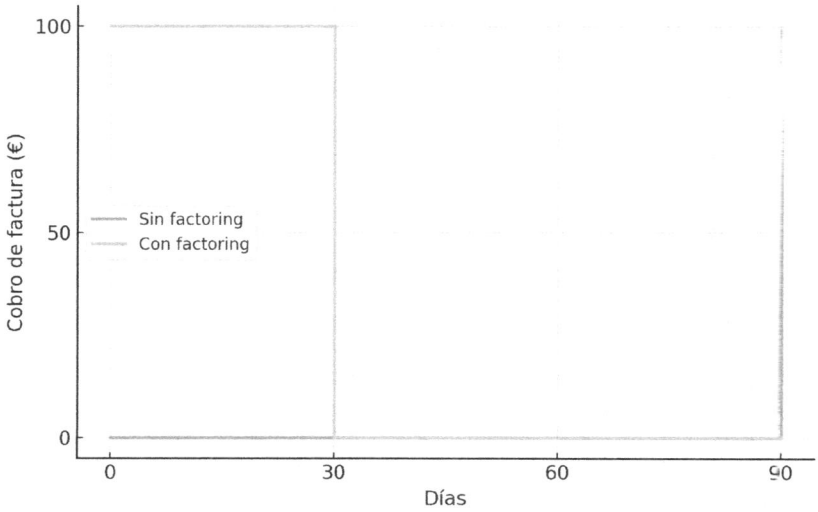

Figura 1.1 Flujo de caja con y sin factoring

1.4.2 La letra de cambio

La letra de cambio es uno de los instrumentos financieros más antiguos y utilizados dentro del tráfico mercantil. Su origen se remonta a la Edad Media, cuando los comerciantes necesitaban un medio seguro para realizar pagos en diferentes ciudades sin necesidad de transportar dinero físico. En la actualidad, sigue siendo una herramienta eficaz para formalizar compromisos de pago diferidos entre empresas, reforzando la seguridad jurídica de las operaciones y otorgando al acreedor derechos ejecutivos en caso de impago.

Se trata de un título-valor que contiene una orden incondicional de pago emitida por el librador (quien emite la letra) a favor del beneficiario o tenedor, que será pagada por el librado (normalmente, el deudor). A través de la aceptación del librado, la letra de cambio adquiere fuerza legal como promesa de pago y puede circular por endoso, al igual que otros títulos transmisibles.

Su regulación en España se encuentra en la **Ley Cambiaria y del Cheque (Ley 19/1985)**, que establece tanto sus requisitos formales como los derechos y obligaciones de las partes implicadas.

1.4.3 Requisitos, emisión y vencimiento

Para que una letra de cambio sea válida y pueda ejercer todos sus efectos jurídicos, debe contener obligatoriamente los siguientes elementos:

- **Denominación "letra de cambio"**: debe aparecer de forma visible en el documento.

- **Orden incondicional de pago**: no puede estar sujeta a condiciones.

- **Nombre del librado**: la persona o empresa que se compromete a realizar el pago.

- **Nombre del beneficiario**: quien recibirá el pago.

- **Importe a pagar**: cifra exacta expresada en números y letras.

- **Lugar y fecha de emisión**: indican dónde y cuándo se redacta el documento.

⯈ **Fecha de vencimiento**: momento en que debe efectuarse el pago (puede ser a la vista, a un plazo, o en fecha fija).

⯈ **Lugar de pago**: generalmente una entidad bancaria.

⯈ **Firma del librador**: elemento imprescindible que avala la validez de la orden de pago.

EJEMPLO

Una empresa proveedora emite una letra de cambio a 90 días vista para garantizar el cobro de una venta de 12.000 € realizada a crédito. El cliente acepta la letra, comprometiéndose a pagarla en la fecha de vencimiento.

Tipo de vencimiento	Explicación
A la vista	Pagadero en el momento de presentación
A un plazo desde la vista	Pagadero en un número determinado de días desde la vista
A un plazo desde la fecha	Pagadero en un número de días desde la fecha de emisión
En fecha fija	Pagadero en una fecha concreta establecida en la letra

Tabla 1.2. Modelos de vencimiento

1.4.4 Cláusulas, aceptación y aval

La **letra de cambio** es un instrumento mercantil con gran relevancia en las operaciones de financiación y cobro dentro de la actividad empresarial. Su eficacia jurídica y su utilidad práctica dependen no solo de su emisión y circulación, sino también de una serie de elementos complementarios que refuerzan su seguridad y validez. Entre ellos destacan las **cláusulas especiales**, la **aceptación** y el **aval**, figuras que amplían el alcance del título y regulan las obligaciones de las partes.

Las **cláusulas especiales** permiten adaptar la letra a circunstancias concretas, introduciendo condiciones que afectan a su transmisibilidad, a la forma de pago o a los procedimientos en caso de impago. Estas cláusulas, reconocidas por la normativa mercantil —en España, la **Ley Cambiaria y**

del Cheque (Ley 19/1985, de 16 de julio)—, son esenciales para comprender cómo se modulan los derechos y obligaciones derivados de la letra.

La **aceptación** constituye el compromiso formal del librado de pagar la deuda en la fecha de vencimiento. A través de su firma en el documento, el librado reconoce la obligación de pago, lo que refuerza la fuerza ejecutiva de la letra y otorga al tenedor una mayor seguridad jurídica en caso de reclamación.

Por su parte, el **aval** es una garantía adicional que incrementa la confianza en la operación. Al intervenir un tercero (avalista), se asegura que, en caso de incumplimiento por parte del librado, el pago podrá ser exigido al garante, lo que convierte a la letra en un título más sólido y confiable para el tenedor.

En conjunto, estas tres figuras —cláusulas, aceptación y aval— proporcionan la flexibilidad, seguridad y respaldo necesarios para que la letra de cambio sea un instrumento eficaz en la gestión financiera y comercial de las empresas.

Cláusulas especiales

La letra puede incluir determinadas cláusulas que modifican sus efectos o establecen condiciones adicionales:

- ⚑ **"Sin gastos"**: evita el protesto notarial en caso de impago.
- ⚑ **"No a la orden"**: impide la transmisión por endoso.
- ⚑ **"Pagadero en cuenta"**: especifica el medio de pago.

Aceptación

La aceptación del librado es el acto por el cual este reconoce la deuda y se compromete a pagar. Se realiza mediante la firma del librado sobre la letra con la palabra "acepto".

- ⚑ Es obligatoria para ejecutar el cobro en caso de impago.
- ⚑ Refuerza la validez del documento como título ejecutivo.

Aval

El aval es una garantía adicional emitida por un tercero (persona física o jurídica), que asume la responsabilidad del pago en caso ce que el librado no cumpla.

- ◤ Se formaliza en la propia letra con la palabra "por aval".

- ◤ Ofrece mayor seguridad al tenedor del título.

Interviniente	Acción principal	Resultado / Posibilidad
Proveedor (Librador)	Emite la letra de cambio	Reclama el pago de una cantidad al cliente
Cliente (Librado)	Acepta la letra	Se compromete a pagar en la fecha acordada
Tenedor (Beneficiario)	Puede encosar la letra a un tercero	Transmite el derecho de cobro mediante endoso
Pago final	–	El librado paga en la fecha pactada

Tabla 1.3. Flujo básico de una letra de cambio

Con esta tabla se entiende claramente el **circuito básico**: el proveedor emite, el cliente acepta, el tenedor puede endosar y finalmente se realiza el pago en la fecha acordada.

1.4.5 Endoso y fiscalidad

Endoso

El endoso es el mecanismo que permite transmitir la titularidad de la letra de cambio a un tercero. Es especialmente útil para utilizar la letra como medio de pago o cesión de derechos de cobro.

- ◤ Requiere firma y mención expresa del nuevo beneficiario.

- ◤ Puede realizarse múltiples veces hasta el vencimiento.

- ◤ El último tenedor es quien ejercerá el cobro.

Tipos de endoso:

▸ **En propiedad**: transmite la propiedad del crédito.

▸ **En procuración**: otorga facultades de cobro.

▸ **En garantía**: como medio de garantía de una obligación.

Fiscalidad

La letra de cambio está sujeta al **Impuesto sobre Transmisiones Patrimoniales y Actos Jurídicos Documentados (ITP-AJD)**. En operaciones empresariales, es obligatorio utilizar **papel timbrado** o aplicar el sello correspondiente.

▸ La cuantía del impuesto depende del importe de la letra.

▸ El pago del impuesto debe efectuarse en el momento de emisión o aceptación.

Característica	Letra de cambio	Pagaré
Emisor	Acreedor (proveedor)	Deudor (cliente)
Aceptación	Requiere aceptación del librado	No requiere aceptación
Transmisión	Endosable	Endosable
Garantía adicional	Admite aval	Admite aval
Formalismo	Alto	Medio
Uso habitual	Operaciones comerciales complejas	Compromisos de pago directos

Tabla 1.4. Letra de cambio vs. pagaré

1.5 EL PAGARÉ

El pagaré es uno de los documentos mercantiles más utilizados en el ámbito empresarial como medio de **garantía de pago diferido**. Su simplicidad formal, su fuerza ejecutiva y su valor como instrumento financiero lo convierten en una herramienta clave dentro de la gestión operativa de la tesorería. Aunque comparte similitudes con la letra de cambio, el pagaré presenta diferencias significativas tanto en su estructura como en el rol de las partes intervinientes.

En esencia, el pagaré es una **promesa escrita e incondicional de pago** realizada por una persona o entidad (el emisor o firmante), en la que se compromete a abonar una cantidad determinada de dinero a otra persona (beneficiario o tomador) en una fecha futura. Su uso está ampliamente extendido en relaciones comerciales donde se pactan pagos aplazados con una mayor seguridad jurídica.

A lo largo de este apartado se analizarán sus elementos formales, funcionamiento, utilidad práctica, diferencias con la letra de cambio, así como sus implicaciones fiscales.

1.5.1 Definición y características

Un pagaré es un documento en el que una persona física o jurídica se compromete por escrito a pagar una suma de dinero a otra persona en una fecha futura determinada. A diferencia de la letra de cambio, no requiere la intervención de un tercero (librado), ya que el firmante es al mismo tiempo el obligado al pago.

Características principales:

- ▶ **Naturaleza jurídica**: es un título-valor con fuerza ejecutiva en caso de impago.

- ▶ **Promesa de pago**: quien lo firma se compromete a pagar directamente.

- ▶ **Formalidad escrita**: debe cumplir una serie de requisitos establecidos en la Ley Cambiaria y del Cheque.

- ▶ **Fecha de vencimiento**: define con claridad el momento en que debe realizarse el pago.

- ▶ **Transmisibilidad**: puede endosarse, lo que permite utilizarlo como instrumento de financiación o medio de pago.

- ▶ **Garantía adicional**: permite el aval por parte de un tercero.

█ EJEMPLO

Una empresa A compra mercancías a una empresa B por valor de 8.000 € y pactan que el pago se realizará a 60 días. La empresa A emite un pagaré a favor de la empresa B con vencimiento en ese plazo.

1.5.2 Requisitos legales y estructura del pagaré

Para que un pagaré sea válido y tenga efectos jurídicos, debe contener los siguientes elementos obligatorios:

1. **Denominación "pagaré"** en el texto del documento.

2. **Promesa incondicional de pagar** una cantidad determinada de dinero.

3. **Nombre del beneficiario** o persona a la que debe realizarse el pago.

4. **Fecha y lugar de emisión**.

5. **Fecha de vencimiento** o mención "a la vista".

6. **Lugar de pago**, normalmente una entidad bancaria.

7. **Firma del emisor** o de quien se compromete al pago.

PAGARÉ
Prometo pagar incondicionalmente a: [Beneficiario]
La suma de: [Importe]
En: [Lugar de pago]
En la fecha de: [Fecha de vencimiento]
Emitido en: [Ciudad] a [Fecha de emisión]
Firma del emisor: _____

Tabla 1.5. Estructura típica de un pagaré

1.5.3 Comparativa con la letra de cambio

Aunque ambos documentos sirven para formalizar un pago futuro, presentan **diferencias sustanciales**:

Característica	Letra de cambio	Pagaré
Intervención de terceros	Sí (librador, librado y tomador)	No (emisor y beneficiario)
Obligado al pago	Librado (previa aceptación)	Firmante del pagaré
Requiere aceptación	Sí, para tener valor ejecutivo	No, la firma del emisor es compromiso
Complejidad formal	Mayor	Menor
Usos habituales	Comercio internacional, operaciones complejas	Pago aplazado entre empresas nacionales
Fiscalidad	Sujeto a ITP y timbre	Sujeto a ITP y timbre
Fuerza ejecutiva	Sí, si se cumplen requisitos formales	Sí

1.5.4 Usos del pagaré en la tesorería

Los pagarés se utilizan en la gestión operativa de tesorería para:

- **Aplazar pagos a proveedores**, garantizando un compromiso escrito.
- **Instrumentar préstamos** o acuerdos de financiación entre partes.
- **Transferir derechos de cobro** a terceros mediante endoso.
- **Negociación bancaria**, como en el descuento de pagarés, para obtener liquidez anticipada.

EJEMPLO

Una empresa con necesidades de tesorería puede descontar un pagaré emitido por un cliente en una entidad financiera, obteniendo el dinero antes del vencimiento, a cambio de una comisión.

1.5.5 Aval y endoso del pagaré

Aval: un tercero puede garantizar el cumplimiento del pagaré, ofreciendo seguridad adicional. Este avalista responde del pago como si fuera el propio firmante.

Endoso: permite transferir el pagaré a otro beneficiario. El nuevo tenedor podrá cobrar el documento a su vencimiento o utilizarlo como medio de pago.

Interviniente	Acción	Rol en la operación
Empresa A	Emite el pagaré	Emisor (obligado al pago)
Empresa B	Recibe el pagaré y lo endosa a un tercero	Beneficiario inicial
Empresa C	Recibe el pagaré endosado	Nuevo tenedor / beneficiario final

Tabla 1.6. Flujo de un pagaré endosado

Así se visualiza claramente el circuito: la **Empresa A** crea el pagaré, la **Empresa B** lo recibe y puede endosarlo, y la **Empresa C** se convierte en el nuevo tenedor con derecho de cobro.

1.5.6 Fiscalidad del pagaré

Al igual que la letra de cambio, el pagaré está sujeto a fiscalidad específica:

▼ Se aplica el Impuesto sobre Actos Jurídicos Documentados (AJD).

▼ Debe emitirse en papel timbrado oficial o incluir la tasa correspondiente mediante estampilla.

▼ El importe del impuesto varía según la cuantía del pagaré.

▼ La falta de cumplimiento formal puede invalidar el pagaré como título ejecutivo.

Recomendación práctica

Es conveniente asesorarse con una gestoría o asesor fiscal al emitir pagarés de importe elevado o en operaciones sensibles.

1.6 OTROS MEDIOS DE COBRO Y PAGO

Además, de los instrumentos financieros tradicionales como el cheque, la letra de cambio o el pagaré, las empresas disponen de una serie de medios modernos y operativos para gestionar sus cobros y pagos. Estos mecanismos, en su mayoría electrónicos, resultan más eficientes, seguros y económicos, y han transformado la forma en la que las organizaciones se relacionan financieramente con clientes, proveedores, entidades bancarias y organismos públicos.

Este apartado analiza los medios más utilizados en el contexto actual de la tesorería empresarial: **recibos domiciliados**, **transferencias bancarias** y **remesas electrónicas**. También, se expone su operativa básica, sus ventajas y precauciones, así como su papel en la automatización y digitalización de la gestión financiera.

1.6.1 Recibo domiciliado

Un **recibo domiciliado** es una orden de cargo automático en la cuenta bancaria de un cliente, previamente autorizada, mediante la cual una empresa u organización cobra de forma periódica o puntual un determinado importe.

Características principales:

▸ Requiere autorización previa del titular de la cuenta (orden de domiciliación SEPA).

▸ Permite la automatización del cobro de cuotas, suministros, seguros o servicios.

▸ Otorga seguridad al acreedor (cobro garantizado en fecha) y comodidad al deudor.

▸ El titular puede revocar el cargo (derecho de devolución según tipo de mandato).

▌EJEMPLO

Una academia de formación cobra mensualmente las matrículas de sus alumnos mediante recibos domiciliados que se cargan automáticamente en sus cuentas bancarias.

Ventajas del recibo domiciliado:

▸ Ahorro de tiempo administrativo.
▸ Reducción del riesgo de impago.
▸ Mejora del control y previsión de tesorería.

Interviniente	Acción	Destino
Cliente	Autoriza	Empresa
Empresa	Ordena el cobro	Banco
Banco	Realiza el cargo	Cuenta del cliente

Tabla 1.7. Flujo básico de un recibo domiciliado SEPA

De esta forma queda esquematizado: el cliente autoriza, la empresa ordena el cobro y el banco realiza el cargo en la cuenta del cliente.

1.6.2 Transferencia bancaria y remesas electrónicas

En la gestión de tesorería moderna, los medios de pago electrónicos se han convertido en herramientas indispensables para garantizar la agilidad, seguridad y trazabilidad de las operaciones financieras. Entre ellos, destacan la **transferencia bancaria** y las **remesas electrónicas**, dos instrumentos que, aunque guardan similitudes, responden a necesidades distintas en el ámbito empresarial.

La transferencia bancaria constituye el medio de pago más común en Europa bajo el marco normativo **SEPA (Single Euro Payments Area)**, regulado por el **Reglamento (UE) nº 260/2012**, que establece estándares uniformes para transferencias y adeudos directos en euros. Se trata de un movimiento de fondos de una cuenta a otra, ordenado por el titular de la cuenta emisora, que puede realizarse de manera presencial, a través de la banca online o mediante órdenes automatizadas. Su uso se extiende tanto a operaciones individuales (como el pago de una factura o de una nómina) como a pagos recurrentes, pudiendo adoptar modalidades inmediatas, ordinarias o internacionales.

Por otro lado, las remesas electrónicas permiten a las empresas agrupar en un único fichero varias órdenes de pago o cobro dirigidas al banco, lo que optimiza la gestión de movimientos masivos. Este sistema resulta especialmente útil para operaciones recurrentes y de gran volumen, como el abono de nóminas, el pago a proveedores o el cobro de cuotas periódicas. Al estar estandarizado en formato XML SEPA, facilita la automatización, reduce los costes bancarios y mejora la eficiencia administrativa.

El análisis conjunto de ambos instrumentos es fundamental para la toma de decisiones en el área de tesorería, ya que permite identificar el medio de pago o cobro más adecuado según la naturaleza de la operación, los costes asociados y el nivel de automatización requerido. Además, su correcta utilización contribuye a reforzar la seguridad financiera de la empresa, especialmente si se complementa con medidas de control interno como la doble validación de operaciones en banca online y la actualización permanente de los datos bancarios de clientes y proveedores.

Transferencia bancaria

La transferencia bancaria es el movimiento de fondos de una cuenta a otra, ordenado por el titular de la primera. Puede realizarse:

- ▼ De forma presencial (en oficina bancaria).
- ▼ A través de banca online o móvil.
- ▼ Mediante remesa agrupada (ficheros XML – norma SEPA).

Tipo	Características
Inmediata	Se abona al instante. Puede tener costes más altos.
Ordinaria	Se ejecuta en 1–2 días hábiles. Más económica.
Internacional	Puede tardar entre 2 y 5 días. Requiere IBAN y SWIFT.

Tabla 1.8. Tipos de transferencias

EJEMPLO

Una empresa abona las nóminas de sus trabajadores mediante transferencia a finales de cada mes.

Remesas electrónicas

Una remesa electrónica es un conjunto de órdenes de pago (o cobro) agrupadas en un único fichero que se envía al banco mediante una plataforma de banca electrónica. Es el sistema ideal para gestionar pagos masivos de forma automatizada y eficiente.

Usos habituales:

▼ Pago de nóminas.

▼ Pago a proveedores.

▼ Cobro de recibos o cuotas.

Concepto	Transferencia individual	Remesa electrónica
Nº de operaciones	Una sola	Varias en lote
Coste bancario	Variable por operación	Reducido por agrupación
Agilidad	Media	Alta
Automatización	Baja	Alta

Tabla 1.9. Diferencias entre transferencia y remesa

Medio	Naturaleza	Emisor	Garantías	Digitalizable	Riesgo de impago
Cheque	Manual/ documental	Librador	Baja	Parcial	Alto
Letra de cambio	Documental	Librador	Alta	Parcial	Medio
Pagaré	Documental	Emisor	Alta	Parcial	Medio
Recibo domiciliado	Electrónico	Acreedor	Media	Total	Bajo
Transferencia	Electrónico	Ordenante	Alta	Total	Nulo
Remesa electrónica	Electrónico	Ordenante o Acreedor	Alta	Total	Bajo

Tabla 1.10. Comparativa general: medios de cobro y pago

Recomendaciones prácticas para la tesorería

- ▼ Elegir medios electrónicos cuando se busque agilidad, automatización y trazabilidad.

- ▼ Establecer un sistema de doble validación en banca online para evitar fraudes.

- ▼ Mantener actualizada la base de datos bancaria de clientes y proveedores.

- ▼ Documentar internamente todas las operaciones, incluso las electrónicas, mediante fichas o extractos contables.

1.7 TRIBUTOS E IMPUESTOS APLICABLES

Toda actividad empresarial genera una serie de obligaciones fiscales que deben gestionarse con precisión y puntualidad. En el contexto de la tesorería, estas obligaciones están directamente relacionadas con los instrumentos financieros, los movimientos económicos y las operaciones de cobro y pago realizadas por la empresa. Conocer y aplicar correctamente la normativa fiscal evita sanciones, facilita auditorías y refuerza la transparencia en la gestión financiera.

En este apartado abordaremos los tributos más relevantes que afectan a la operativa de tesorería: el Impuesto sobre el Valor Añadido (IVA) y el Impuesto sobre la Renta de las Personas Físicas (IRPF). Además, se introducen las principales declaraciones periódicas, modelos oficiales y herramientas digitales que permiten cumplir con estas obligaciones ante la Agencia Tributaria.

1.7.1   Declaraciones de IVA

El **IVA** (Impuesto sobre el Valor Añadido) es un impuesto **indirecto** que grava el consumo de bienes y servicios. Aunque lo paga el consumidor final, son las empresas las encargadas de **recaudarlo**, **declararlo** e **ingresarlo** en la Hacienda Pública.

¿Cómo funciona?

▶ Al vender un producto o prestar un servicio, la empresa repercute IVA en la factura (ingreso).

▶ Al adquirir bienes o servicios necesarios para su actividad, soporta IVA (gasto).

▶ La empresa declara trimestralmente la diferencia entre IVA repercutido y soportado.

Fórmula básica

IVA a ingresar = IVA repercutido – IVA soportado

Si el resultado es negativo, se puede compensar en el trimestre siguiente o solicitar la devolución anual.

Modelo	Periodicidad	Finalidad
303	Trimestral	Declaración regular de IVA
390	Anual	Resumen de todas las operaciones del año

Tabla 1.11. Modelos fiscales principales

▌ EJEMPLO

Una empresa de diseño factura 6.000 € + 1.260 € de IVA (21%) en el primer trimestre. Ha pagado 2.500 € + 525 € de IVA en materiales.

- ⚐ IVA repercutido: 1.260 €

- ⚐ IVA soportado: 525 €

- ⚐ IVA a ingresar: 735 € (modelo 303)

Trimestre	Modelo 303	Modelo 390
1º (ene-mar)	hasta el 20 de abril	—
2º (abr-jun)	hasta el 20 de julio	—
3º (jul-sep)	hasta el 20 de octubre	—
4º (oct-dic)	hasta el 30 de enero	hasta el 30 de enero

Tabla 1.12. Calendario de presentación

1.7.2 Declaraciones de IRPF

El **IRPF** (Impuesto sobre la Renta de las Personas Físicas) es un impuesto directo que grava los ingresos obtenidos por los trabajadores, profesionales y empresarios individuales. Las empresas tienen la obligación de practicar retenciones a cuenta del IRPF en las nóminas y facturas de sus colaboradores.

¿Cuándo se aplica?

- ⚐ **En nóminas**: la empresa retiene un porcentaje sobre el salario del trabajador.

- ⚐ **En facturas de autónomos**: se descuenta una parte (generalmente 15%).

Estas cantidades deben ingresarse periódicamente en Hacienda a través de los modelos correspondientes.

Modelo	Periodicidad	Finalidad
111	Trimestral	Declaración de retenciones practicadas
190	Anual	Resumen informativo de todas las retenciones

Tabla 1.13. Modelos fiscales principales

EJEMPLO

Un trabajador recibe 1.500 € de salario bruto al mes y la empresa le retiene 225 € por IRPF. Al final del trimestre (enero-marzo), la empresa ha retenido:

▼ 225 € × 3 = 675 €

Este importe se declara en el modelo 111 en abril. En enero del año siguiente se presentará el modelo 190 con los datos anuales.

Tributo	Modelo Fiscal	Periodicidad
IVA	303	Trimestral (abril, julio, octubre, enero)
IVA	390	Anual (enero siguiente)
IRPF (nóminas y autónomos)	111	Trimestral
IRPF (nóminas y autónomos)	190	Anual

Tabla 1.14. Esquema visual – Resumen de tributos y modelos fiscales

Herramientas de presentación y gestión online

Para cumplir con estas obligaciones fiscales, las empresas deben utilizar la **Sede Electrónica de la Agencia Tributaria**. A través de esta plataforma pueden:

▼ Presentar modelos 303, 390, 111 y 190.

▼ Descargar borradores.

▼ Consultar notificaciones.

▼ Realizar pagos.

Requisitos:

- ▼ Certificado digital o Cl@ve PIN.

- ▼ Navegador actualizado.

- ▼ Programa de ayuda para cumplimentación (PDFs inteligentes o formularios online).

Recomendaciones para la gestión fiscal eficiente

- ▼ Mantener archivos digitales organizados con todas las facturas emitidas y recibidas.

- ▼ Conciliar mensualmente los datos contables con los importes declarados.

- ▼ Utilizar software de gestión fiscal o ERPs que integren contabilidad y presentación de impuestos.

- ▼ Evitar presentar fuera de plazo: podría conllevar sanciones y recargos.

1.8 CUESTIONARIO

1. La Ley Cambiaria y del Cheque en España regula principalmente:

a) Los contratos de arrendamiento financiero.

b) La letra de cambio, el pagaré y el cheque.

c) Las pólizas de crédito.

d) Los préstamos hipotecarios.

2. El pagaré es un documento en el que:

a) Una persona ordena a otra el pago de una suma de dinero.

b) El banco garantiza el pago de una operación.

c) Una persona se compromete a pagar una cantidad en una fecha determinada.

d) Una entidad financiera anticipa fondos sobre un crédito.

3. El cheque siempre debe contener:

a) El lugar de pago, la firma del librado y el concepto.

b) La orden incondicional de pagar una cantidad de dinero y la firma del librador.

c) La fecha de vencimiento y el interés pactado.

d) El nombre del avalista y el importe máximo garantizado.

4. El IVA aplicable a los servicios financieros (operaciones de préstamo, crédito, etc.):

a) Siempre es del 21%.

b) Está exento en la mayoría de los casos.

c) Es del 10%.

d) Se determina según acuerdo entre las partes.

5. Cuando un documento mercantil carece de algún requisito legal esencial:

a) Sigue siendo válido como título ejecutivo.

b) Pierde validez como título cambiario, pero puede servir como prueba documental.

c) Se convierte automáticamente en un contrato de préstamo.

d) Conserva plena validez jurídica sin restricciones.

6. La letra de cambio debe ser aceptada por:

a) El librador.

b) El librado.

c) El tomador.

d) El banco emisor.

7. El IRPF que afecta a los rendimientos del capital mobiliario (intereses de depósitos y pagarés):

a) Se retiene a cuenta en el momento de su abono.

b) Se liquida únicamente al presentar la declaración anual.

c) No está sujeto a tributación.

d) Se aplica solo a personas jurídicas.

8. En la normativa mercantil española, los instrumentos de pago más habituales regulados son:

a) Transferencias bancarias y recibos domiciliados.

b) Letra de cambio, cheque y pagaré.

c) Confirming y factoring.

d) Leasing y renting.

9. El aval en un título cambiario:

a) Refuerza la garantía de pago.

b) Es obligatorio en todos los casos.

c) Solo puede otorgarlo una entidad financiera.

d) Sustituye la firma del librador.

10. El endoso en la letra de cambio o pagaré permite:

a) Cancelar la deuda antes de su vencimiento.

b) Transferir el título a otra persona.

c) Exigir el pago al librador.

d) Cambiar la fecha de vencimiento.

Respuestas correctas

1. b) La letra de cambio, el pagaré y el cheque.

2. c) Una persona se compromete a pagar una cantidad en una fecha determinada.

3. b) La orden incondicional de pagar una cantidad de dinero y la firma del librador.

4. b) Está exento en la mayoría de los casos.

5. b) Pierde validez como título cambiario, pero puede servir como prueba documental.

6. b) El librado.

7. a) Se retiene a cuenta en el momento de su abono.

8. b) Letra de cambio, cheque y pagaré.

9. a) Refuerza la garantía de pago.

10. b) Transferir el título a otra persona.

2

Confección y empleo de documentos de cobro y pago en la gestión de tesorería

En el contexto de la gestión financiera de una empresa, una de las funciones esenciales del área de tesorería es la adecuada confección, control y archivo de los documentos de cobro y pago. Estos documentos, tanto en su versión convencional como en su formato digital, representan el soporte jurídico y contable de las operaciones financieras cotidianas que permiten mantener la liquidez y el equilibrio económico de la organización. La correcta utilización de estos instrumentos asegura la trazabilidad, el cumplimiento normativo y la eficacia en la relación con bancos, clientes, proveedores y la Administración Pública. A lo largo de este capítulo se analizarán los distintos tipos de documentos, los procesos asociados a su emisión, las tecnologías que los facilitan y las buenas prácticas que garantizan su correcto uso en un entorno cada vez más digitalizado.

2.1 DOCUMENTACIÓN CONVENCIONAL Y TELEMÁTICA

La documentación de cobros y pagos constituye la base de la gestión administrativa y contable de cualquier empresa. A través de ella se acredita la existencia de operaciones económicas entre dos partes, ya sea mediante soportes convencionales en papel o mediante formatos electrónicos adaptados a las nuevas tecnologías.

En la actualidad, el proceso de digitalización y normalización normativa —impulsado por la normativa europea **SEPA (Single Euro Payments Area)** y por la legislación mercantil española como la **Ley Cambiaria y del Cheque (Ley 19/1985)**— ha transformado profundamente la forma en que se emiten, transmiten y archivan estos documentos. Hoy en día, la mayoría de operaciones se gestionan de manera telemática, lo que aporta rapidez, trazabilidad y seguridad, aunque también plantea retos en materia de ciberseguridad y cumplimiento regulatorio.

Este apartado analiza los principales documentos de cobro y pago, tanto en su modalidad tradicional como digital:

- **Recibos domiciliados online**, clave para automatizar cobros periódicos y reducir riesgos de impago.

- **Transferencias electrónicas**, en sus distintas modalidades (nacional, SEPA, SWIFT), que permiten pagos rápidos y seguros con soporte documental.

- **Cheques y pagarés**, documentos mercantiles con validez legal y fiscal, que siguen siendo utilizados en operaciones específicas.

- **Remesas de efectos**, que permiten gestionar de forma agrupada cheques, pagarés o recibos, optimizando el control administrativo y bancario.

- Asimismo, se profundiza en el papel del software de gestión contable y bancaria, que facilita la confección, emisión, control y archivo de estos documentos, minimizando errores humanos y garantizando el cumplimiento de las exigencias legales y fiscales.

- Finalmente, se ofrecen buenas prácticas para la emisión, autorización y archivo de documentación de pago, de forma que la empresa disponga siempre de registros verificables, seguros y accesibles para auditorías internas, inspecciones fiscales o conciliaciones contables.

En resumen, comprender la documentación convencional y telemática no solo es esencial para asegurar la transparencia de las operaciones, sino también para optimizar los procesos de tesorería y adaptarse a un entorno cada vez más digitalizado y regulado.

2.1.1 Concepto de documento de cobro y pago

Un documento de cobro y pago es cualquier soporte físico o digital que acredita la existencia de una operación económica entre dos partes, reflejando el compromiso de entrega de un bien, prestación de un servicio o reembolso de una deuda. Sirve como prueba jurídica y contable, siendo clave para la tesorería, que necesita disponer de documentación precisa, verificable y oportuna para gestionar los flujos de efectivo.

▌ EJEMPLO

Un cheque emitido por una empresa para pagar a un proveedor, una transferencia bancaria recibida por el cobro de una factura, o un recibo domiciliado generado para cobrar a un cliente.

2.1.2 Ventajas e inconvenientes de la documentación telemática

La progresiva digitalización de los procesos administrativos ha transformado la forma en que las empresas gestionan sus operaciones financieras, pasando de soportes convencionales en papel a sistemas electrónicos que permiten mayor agilidad y control. En este contexto, la **documentación telemática** se ha consolidado como una herramienta esencial en la gestión de tesorería, ya que posibilita la emisión, transmisión y archivo de documentos de cobro y pago de forma rápida, automatizada y trazable.

Las ventajas que aporta este modelo son evidentes: ahorro de tiempo en la tramitación, reducción del uso de papel y espacio físico, automatización de procesos y un mayor grado de transparencia y trazabilidad en las operaciones. Además, la adopción de estándares como los ficheros XML SEPA ha facilitado la interoperabilidad entre empresas y entidades bancarias en toda la Unión Europea, reforzando la eficiencia administrativa.

Sin embargo, la documentación telemática también presenta limitaciones y riesgos que no deben pasarse por alto. Entre ellos destacan la necesidad de contar con conexión estable y competencias digitales, la dependencia tecnológica de las plataformas utilizadas, la exposición a posibles ciberataques o fraudes y la obligación de una adaptación normativa continua en materia de seguridad de la información y protección de datos (como exige el Reglamento General de Protección de Datos – RGPD).

Por todo ello, aunque la digitalización representa un avance incuestionable, resulta imprescindible que las organizaciones complementen su uso con protocolos de seguridad informática y control interno, de modo que puedan aprovechar sus ventajas sin descuidar los riesgos inherentes al entorno digital.

Ventajas	Inconvenientes
Ahorro de tiempo	Requiere conexión y conocimientos TIC
Menor uso de papel y espacio	Posibles ciberataques o fraudes
Automatización de procesos	Dependencia de plataformas tecnológicas
Mayor trazabilidad	Requiere adaptación normativa continua

Tabla 2.1. Cuadro resumen Ventajas/Inconvenientes

2.1.3 Recibos domiciliados online: definición, uso y seguridad

El recibo domiciliado online es un instrumento de cobro mediante el cual una empresa, previa autorización del cliente, carga de forma automática en su cuenta bancaria un importe determinado en la fecha acordada. Este sistema se gestiona a través de plataformas bancarias telemáticas, normalmente integradas en el software de gestión contable de la empresa, lo que facilita su automatización y control.

Se trata de un método ampliamente utilizado en la **zona SEPA (Single Euro Payments Area)**, ya que permite realizar cobros recurrentes o puntuales de manera estandarizada mediante el envío de ficheros en formato XML. Entre los ejemplos más comunes destacan los pagos periódicos de cuotas, servicios de suscripción, recibos de suministros o matrículas académicas.

Ventajas del recibo domiciliado online

- **Automatización**: facilita la gestión de cobros periódicos sin necesidad de emitir facturas individuales.

- **Seguridad y control**: reduce los riesgos de impago, ya que el cargo se efectúa directamente en la cuenta del cliente autorizante.

- **Eficiencia contable**: simplifica la conciliación bancaria, al vincularse automáticamente con los registros contables de la empresa.

- **Estandarización europea**: el sistema SEPA unifica criterios y facilita la operativa en transacciones nacionales e internacionales dentro de la zona euro.

El adeudo directo B2B

Dentro del marco SEPA, además del esquema tradicional de adeudos directos (SDD Core), existe la modalidad **B2B (Business to Business)**, diseñada específicamente para operaciones entre empresas. Sus principales características son:

- **Mayor seguridad**: el deudor (empresa pagadora) debe autorizar expresamente la operación a su banco antes de que pueda realizarse el cargo.

- **Irrevocabilidad**: una vez efectuado el pago, no puede ser devuelto por el cliente, lo que ofrece una protección adicional al acreedor.

- **Agilidad**: los plazos de cobro son más reducidos que en el esquema Core, lo que mejora la liquidez de la empresa emisora.

Este esquema es especialmente recomendable para relaciones comerciales **B2B** en las que la confianza y la rapidez en el cobro son fundamentales, como pagos de suministros, servicios profesionales o contratos de arrendamiento mercantil.

▌ EJEMPLO

Una academia de idiomas genera mensualmente recibos domiciliados para cobrar a sus alumnos la cuota. Estos recibos se remiten al banco en formato SEPA XML directamente desde su programa contable.

En el caso de contratos entre empresas, podría utilizarse el **adeudo directo B2B**, garantizando que los cobros no sean revocados una vez realizados.

2.1.4 Transferencias online: pasos para la preparación y autorización

La transferencia bancaria online es uno de los medios de pago más utilizados en la actualidad, ya que permite mover fondos entre cuentas de manera ágil, segura y documentada. Su ejecución se realiza a través de plataformas de banca electrónica, que garantizan la autenticidad del ordenante mediante mecanismos de firma digital, certificados electrónicos o sistemas de doble verificación (doble factor de autenticación).

Pasos para su gestión

1. Revisión de la factura o documento que justifique el pago.
2. Alta del beneficiario en la plataforma bancaria, introduciendo su IBAN y demás datos requeridos.
3. Registro de la operación: importe, concepto y fecha de ejecución.
4. Autorización mediante firma electrónica; en algunos casos se exige doble firma (principio de doble control).
5. Archivo del justificante bancario, que servirá como comprobante contable y fiscal.

Clasificación de las transferencias online

1. **Según destino**
   - **Nacionales**: dentro del mismo país, con plazo de ejecución de 1 día hábil.
   - **SEPA**: entre países de la zona euro y miembros de la iniciativa **Single Euro Payments Area**, con plazo de 1–2 días.
   - **Internacionales (SWIFT)**: transferencias fuera del área SEPA, con plazos de 2–5 días y requisitos adicionales (códigos BIC/SWIFT).

2. **Según ejecución**

- **Ordinarias**: se procesan en 1–2 días hábiles, con coste reducido.

- **Inmediatas**: fondos disponibles en segundos, incluso entre diferentes bancos, aunque con mayores comisiones.

- **Programadas**: se ordenan con antelación para ejecutarse automáticamente en la fecha indicada.

3. **Según periodicidad**

- **Puntuales**: se realizan una sola vez, generalmente asociadas a pagos concretos como facturas o proveedores.

- **Periódicas**: programadas para repetirse en intervalos regulares (mensuales, trimestrales), muy utilizadas en el pago de nóminas, alquileres o suscripciones.

Criterio	Modalidad	Características principales	Plazo de ejecución	Ejemplos de uso
Según destino	Nacional	Dentro del mismo país	1 día hábil	Pago a proveedores locales
	SEPA	Entre países de la zona euro y miembros SEPA	1–2 días	Pago de facturas a empresas europeas
	Internacional (SWIFT)	Fuera del área SEPA, requiere BIC/SWIFT	2–5 días	Importaciones desde EE.UU. o Asia
Según ejecución	Ordinaria	Tramitación estándar, menor coste	1–2 días	Pago de facturas o servicios
	Inmediata	Fondos en cuenta casi al instante	Segundos (24/7)	Pago urgente a proveedores
	Programada	Ordenada con antelación, ejecución automática	En la fecha indicada	Pago de impuestos o vencimientos futuros
Según periodicidad	Puntual	Se realiza una sola vez	Según modalidad elegida	Compra de inmovilizado
	Periódica	Se repite automáticamente en intervalos regulares	Según programación	Nóminas, alquileres, suscripciones

Tabla 2.2. Clasificación de transferencias online

2.1.5 Confección de cheques: elementos formales y fiscales

El cheque es un documento mercantil regulado en España por la Ley Cambiaria y del Cheque (Ley 19/1985, de 16 de julio), mediante el cual una persona denominada librador ordena a su entidad bancaria (librado) que pague una cantidad determinada a otra persona (beneficiario). Aunque en los últimos años su uso ha disminuido en favor de medios electrónicos más ágiles y seguros (como transferencias y adeudos SEPA), el cheque sigue siendo un instrumento válido, legal y con plena fuerza jurídica en operaciones comerciales y financieras.

Elementos formales del cheque

Para que un cheque sea válido debe contener una serie de requisitos obligatorios:

- **Denominación de "cheque"** en el propio documento.

- **Orden incondicional de pago**, es decir, la instrucción clara al banco de abonar la cantidad indicada.

- **Identificación del librado**, que siempre debe ser una entidad de crédito autorizada (el banco).

- **Fecha y lugar de emisión**, fundamentales para calcular los plazos de presentación y prescripción.

- **Firma del librador**, que confirma la validez del documento y autoriza el cargo en cuenta.

- **Importe** expresado en número y letras para evitar alteraciones o fraudes.

Un cheque que carezca de alguno de estos elementos podría considerarse **inválido o nulo**, salvo en los casos en que la ley disponga lo contrario.

Aspecto fiscal y contable del cheque

Desde el punto de vista fiscal, los cheques no están sujetos al IVA por sí mismos, dado que son meros instrumentos de pago. Sin embargo, pueden estar vinculados a operaciones que sí lo están (por ejemplo, el pago de una factura de compraventa de bienes o servicios).

En materia contable, los cheques cumplen la función de justificante documental, por lo que deben conservarse como parte de la contabilidad de la empresa. Además, en caso de inspección tributaria o auditoría, pueden ser requeridos como prueba de la operación de pago.

El plazo de presentación de un cheque para su cobro es limitado (generalmente 15 días desde su emisión si es pagadero en España), lo que implica la importancia de una gestión adecuada en la tesorería empresarial.

Categoría	Elemento	Descripción / Importancia
Formales	Denominación "cheque"	Identifica el documento como cheque válido según la ley.
	Orden incondicional de pago	Garantiza que el banco debe pagar sin condiciones.
	Nombre del librado	Identifica al banco obligado a efectuar el pago.
	Fecha y lugar de emisión	Determina el inicio de plazos legales de presentación.
	Firma del librador	Valida el documento y autoriza el cargo en la cuenta.
	Importe en número y letras	Evita alteraciones o fraudes en la cantidad a pagar.
Fiscales / Contables	IVA	No aplicable al cheque, pero sí a la operación asociada.
	Conservación	Obligatorio como justificante contable.
	Inspecciones tributarias	Puede ser requerido como prueba documental.
	Plazo de presentación	15 días en España; variable en el extranjero.

Tabla 2.3. Elementos formales y fiscales del cheque

2.1.6 Emisión de pagarés: implicaciones jurídicas y financieras

El pagaré es un documento mercantil mediante el cual una persona física o jurídica, denominada emisor, se compromete de forma incondicional a pagar una cantidad de dinero determinada a otra persona, llamada beneficiario, en una fecha concreta establecida en el propio documento.

A diferencia del cheque, que representa una orden de pago inmediata contra un banco, el pagaré implica una promesa directa de pago en el futuro, lo que lo convierte en un instrumento muy utilizado en operaciones de compraventa con pago aplazado.

Características principales del pagaré

- **Promesa directa de pago**: el emisor asume la obligación jurídica de abonar la suma indicada al beneficiario.

- **Instrumento de financiación**: el beneficiario puede acudir a su banco para **descontar** el pagaré, obteniendo de manera anticipada el importe, aunque con la aplicación de comisiones e intereses.

- **Fuerza ejecutiva**: en caso de impago, el pagaré tiene consideración de **título ejecutivo** según la **Ley Cambiaria y del Cheque (Ley 19/1985)**, lo que permite al acreedor reclamar judicialmente de forma más rápida.

- **Transmisible por endoso**: al igual que el cheque, el pagaré puede endosarse, es decir, transmitirse a un tercero mediante la firma en el reverso del documento.

Concepto	Cheque	Pagaré
Naturaleza	Orden de pago	Promesa de pago
Plazo	Pago a la vista	Pago en fecha futura
Protesto	Debe presentarse	No necesita presentación
Endoso	Posible	Posible

Tabla 2.4. Diferencias clave entre cheque y pagaré

▌ EJEMPLO

Una empresa emite un pagaré a 60 días como forma de pago aplazado a un proveedor. El proveedor, en lugar de esperar al vencimiento, lo presenta a su banco y obtiene liquidez inmediata mediante el descuento del pagaré.

2.1.7 Gestión de remesas de efectos: estructura, formatos y control

La remesa de efectos es un procedimiento mediante el cual una empresa agrupa en un solo lote varios documentos de cobro (cheques, pagarés, recibos, letras de cambio, etc.) y los entrega a una entidad bancaria para que gestione su cobro. Este sistema agiliza la administración de múltiples operaciones y permite centralizar la relación con el banco.

Estructura básica de una remesa

1. **Cabecera**: incluye los datos del emisor (empresa), identificación del banco y la modalidad de la remesa.

2. **Listado de efectos**: relación de documentos con información detallada como importes, fechas de vencimiento, deudores y referencias contables.

3. **Código de operación bancaria**: en España, las remesas se codifican conforme a las normas de la Asociación Española de Banca (por ejemplo, Norma 19 para recibos domiciliados, Norma 58 para pagarés, Norma 32 para transferencias).

Control administrativo en la gestión de remesas

- ▸ **Verificación** de los datos antes de su envío al banco: importes, fechas y datos de los deudores.

- ▸ **Seguimiento de impagos**: el banco comunica los efectos no atendidos, lo que permite activar protocolos de reclamación.

- ▸ **Conciliación bancaria y contable**: comprobar que los cobros efectivamente realizados coinciden con lo registrado en la contabilidad de la empresa.

Este mecanismo no solo ahorra tiempo, sino que también reduce los costes administrativos y financieros al centralizar en un único fichero operaciones que, de otro modo, requerirían múltiples gestiones individuales.

2.1.8 Uso de software para la generación de documentos

La transformación digital ha convertido al software de gestión financiera y contable en una herramienta esencial para la emisión, control y archivo de documentos de tesorería. Actualmente, la mayoría de empresas utilizan aplicaciones informáticas integradas en sistemas **ERP (Enterprise Resource Planning)** como **SAP, SAGE o A3**, que permiten automatizar flujos de trabajo y reducir errores humanos.

Ventajas principales del uso de software

▶ **Minimización de errores**: evita fallos en cálculos, fechas o formatos normativos (por ejemplo, generación de ficheros SEPA en XML).

▶ **Trazabilidad documental**: cada operación queda registrada, lo que facilita auditorías y controles internos.

▶ **Automatización de registros**: los asientos contables se generan de forma automática a partir de la operación bancaria.

▶ **Eficiencia administrativa**: permite emitir cientos de transferencias, remesas o pagarés de manera masiva y en segundos.

▶ **Seguridad y respaldo**: la mayoría de soluciones cuentan con sistemas de encriptación y copias automáticas para proteger la información.

En conclusión, el software de gestión documental se ha convertido en un aliado estratégico de la tesorería, ya que mejora la eficiencia operativa, asegura el cumplimiento normativo y fortalece los mecanismos de control interno.

2.1.9 Buenas prácticas en la emisión y archivo de documentación de pago

La gestión de la documentación de cobros y pagos no se limita únicamente a la emisión de cheques, transferencias o recibos, sino que requiere la aplicación de **protocolos de control y archivo** que garanticen la validez legal, la seguridad y la trazabilidad de cada operación. Una documentación mal emitida o conservada puede generar incidencias en la contabilidad, problemas de liquidez, incumplimientos normativos e incluso sanciones fiscales o mercantiles.

En este contexto, las buenas prácticas en la emisión y archivo de la documentación de pago resultan esenciales para asegurar la transparencia y la eficiencia de los procesos financieros. Estas prácticas están alineadas con la normativa vigente —como la **Ley Cambiaria y del Cheque (Ley 19/1985)**, la normativa **SEPA** en el ámbito europeo, y las obligaciones fiscales establecidas por la **Agencia Tributaria**—, así como con los estándares de auditoría y control interno que exigen las empresas modernas.

Entre los aspectos más relevantes destacan la utilización de formatos homologados (como ficheros XML SEPA o documentos PDF firmados digitalmente), la validación previa de los datos esenciales (importe, cuentas, fechas), la implantación de circuitos de firma y autorización para reducir riesgos de fraude, y el archivo digital con copias de seguridad, preferiblemente en servidores seguros o soluciones en la nube. Además, la normativa mercantil y fiscal exige conservar los registros durante un período mínimo —habitualmente de cinco a seis años—, lo que refuerza la importancia de un sistema de archivo eficiente y organizado.

En definitiva, aplicar buenas prácticas en la emisión y archivo de la documentación de pago no solo garantiza el cumplimiento normativo, sino que también aporta seguridad jurídica, confianza empresarial y eficiencia administrativa, convirtiéndose en un pilar fundamental de la gestión de tesorería.

Estos son los puntos más relevantes:

- Utilizar formatos homologados (ficheros SEPA, PDF firmado, etc.).
- Validar datos antes de emitir (importes, cuentas, fechas).
- Establecer un circuito de firma y autorización.
- Archivar digitalmente con respaldo (cloud o servidor local).
- Mantener registros durante al menos 5 años.

2.2 OPERACIONES FINANCIERAS BÁSICAS

Este apartado aborda con detalle los principales instrumentos y operaciones financieras que las empresas utilizan en la gestión de su tesorería. Su conocimiento no solo es esencial para asegurar una adecuada liquidez, sino también para optimizar la financiación, reducir riesgos y mejorar la planificación financiera. Vamos a estudiar, paso a paso y con ejemplos, cada una de estas herramientas.

2.2.1 Introducción a los instrumentos financieros en tesorería

En el contexto de la gestión de tesorería de una empresa, resulta fundamental conocer y aplicar determinados instrumentos financieros que permiten equilibrar los flujos de entrada y salida de efectivo. Estos instrumentos son herramientas técnicas que facilitan una toma de decisiones ágil y eficiente respecto al uso del dinero en función del calendario de pagos y cobros.

Su correcta aplicación no solo mejora la liquidez de la organización, sino que también permite prever situaciones de tensión financiera, negociar condiciones con entidades bancarias o proveedores, y asegurar la continuidad operativa de la empresa en escenarios inciertos.

Los instrumentos financieros más habituales en la tesorería operativa son el **factoring**, el **confirming** y la gestión de efectos comerciales como letras de cambio o pagarés. Estos mecanismos permiten anticipar el cobro de facturas, organizar el pago a proveedores o controlar documentos de crédito emitidos o recibidos con vencimientos futuros.

Cada uno de ellos presenta características técnicas, ventajas, limitaciones y riesgos que deben ser comprendidos antes de su aplicación. Además, su uso adecuado está condicionado por factores como el volumen de operaciones, la estructura financiera de la empresa, la relación con entidades financieras y el perfil de riesgo de los clientes o proveedores.

Función principal	Ejemplo de aplicación	Resultado esperado
Obtener liquidez anticipada	Anticipo de una factura a través de un contrato de factoring	Disponibilidad inmediata de efectivo
Reforzar relaciones comerciales	Confirming como forma de pago flexible a proveedores	Mejora del poder negociador
Controlar pagos futuros	Registro y seguimiento de pagarés a clientes	Previsión de entradas y salidas de dinero

Tabla 2.5. Funciones de los instrumentos financieros en tesorería

Además de conocer su funcionamiento, el responsable de tesorería debe dominar su contabilización, los costes asociados (comisiones, intereses, gastos de gestión), y la normativa aplicable en cada caso, para evitar desviaciones financieras o incumplimientos contractuales.

2.2.2 Factoring: tipos, funcionamiento, ventajas y limitaciones

El factoring es uno de los instrumentos financieros más utilizados en la gestión operativa de tesorería, especialmente por pequeñas y medianas empresas que necesitan liquidez de forma anticipada sin recurrir a financiación tradicional. Se trata de un contrato mediante el cual una empresa cede sus derechos de cobro (facturas pendientes de clientes) a una entidad financiera o sociedad de factoring, a cambio del anticipo del importe de dichas facturas, descontadas unas comisiones e intereses.

Este sistema permite transformar créditos comerciales en dinero disponible inmediato, lo que mejora la capacidad de maniobra económica, reduce el riesgo de impago y facilita la planificación financiera.

Funcionamiento general del factoring

El proceso de factoring suele desarrollarse en las siguientes fases:

1. **Emisión de la factura**:

   La empresa presta un servicio o entrega un producto y emite una factura a su cliente, con un plazo de cobro diferido (habitualmente de 30 a 90 días).

2. **Cesión a la entidad factor**:

   La empresa comunica a la entidad financiera la existencia de esa factura, solicitando su anticipo.

3. **Análisis y aprobación**:

   La entidad evalúa la solvencia del deudor (cliente de la empresa) y aprueba la operación.

4. **Anticipo de fondos**:

   La entidad adelanta entre el 70 % y el 90 % del valor de la factura descontando las comisiones pactadas.

5. **Cobro al vencimiento**:

   La entidad financiera gestiona el cobro al cliente deudor en la fecha prevista.

ⓘ NOTA

El contrato de factoring puede notificarse o no notificado al cliente. En el primer caso, el deudor conoce que debe abonar la factura directamente a la entidad financiera.

Tipos de factoring

Existen diversas modalidades de factoring, en función de la distribución del riesgo y el ámbito de aplicación. A continuación se presenta una tabla comparativa:

Modalidad	Asunción de riesgo	Notificación al cliente	Observaciones clave
Con recurso	Lo asume la empresa cedente	Opcional	Si el cliente no paga, la empresa responde
Sin recurso	Lo asume la entidad financiera	Obligatoria	Ideal para reducir el riesgo de impago
Interno	Nacional	Sí/No	Operaciones dentro del mismo país
Internacional	Variable según país	Sí	Usado en exportaciones con cobertura específica

Tabla 2.6. Tipos de factoring

Ventajas del factoring

El factoring presenta múltiples beneficios para las empresas, especialmente en entornos donde el acceso a crédito es limitado o los plazos de cobro son largos.

Ventajas principales:

- Mejora inmediata de la liquidez sin recurrir a préstamos bancarios.

- Reducción de los costes administrativos asociados al seguimiento de cobros.

- Posibilidad de cobertura frente al riesgo de impago (si es sin recurso).

- Mejora de la posición financiera de la empresa ante terceros (menor volumen de cuentas por cobrar).

Limitaciones y riesgos

Pese a sus ventajas, el factoring también tiene algunas limitaciones que conviene tener en cuenta antes de su implementación:

Limitaciones más comunes:

- El coste financiero puede ser elevado, especialmente en operaciones sin recurso.
- No todas las facturas ni clientes son aceptados por las entidades de factoring.
- Puede haber impacto en la relación comercial si el cliente se opone a la cesión.

ⓘ Recuerda

El factoring es una solución eficaz para gestionar el circulante, pero debe utilizarse como complemento a una planificación financiera integral, no como única fuente de financiación.

▌ EJEMPLO

Una empresa cede una factura de 12.000 € a una entidad financiera. El contrato establece un anticipo del 85 % y una comisión del 2,5 %.

Cálculos:

- ▰ Anticipo: 12.000 € × 85 % = **10.200 €**
- ▰ Comisión: 12.000 € × 2,5 % = **300 €**
- ▰ Total líquido recibido: 10.200 € – 300 € = **9.900 €**

En este caso, la empresa mejora su tesorería en casi 10.000 € de forma inmediata, sacrificando parte del margen en forma de comisiones.

2.2.3 Confirming: estructura operativa y beneficios para proveedores

El confirming es un instrumento financiero que permite a las empresas gestionar de forma ordenada y segura el pago a sus proveedores. A diferencia del factoring, donde se anticipan derechos de cobro, el confirming está enfocado en el lado del pago: la empresa ordena a una entidad financiera que pague a sus proveedores en su nombre, dentro de los plazos acordados.

Este servicio financiero se utiliza tanto por grandes empresas como por pymes para optimizar sus relaciones con proveedores, consolidar su posición como buenos pagadores y facilitar la conciliación bancaria y contable de pagos.

Funcionamiento del confirming

El proceso típico de confirming comprende las siguientes fases:

1. **Generación de la factura**:

   El proveedor entrega el producto o servicio a la empresa y emite la correspondiente factura.

2. **Comunicación a la entidad financiera**:

   La empresa comunica a la entidad los datos de la factura y autoriza su pago en la fecha de vencimiento pactada.

3. **Notificación al proveedor**:

   La entidad financiera informa al proveedor de que tiene un pago confirmado para una fecha determinada.

4. **Opción de anticipo**:

   El proveedor puede optar por recibir el pago de forma anticipada, asumiendo un pequeño coste financiero, o esperar al vencimiento y cobrar el total sin descuentos.

5. **Ejecución del pago**:

   En la fecha acordada, la entidad financiera realiza el abono en nombre de la empresa.

▌ EJEMPLO DE FLUJO OPERATIVO

1. Empresa A compra a Proveedor B por 5.000 €.

2. Empresa A confirma el pago a su banco y remite los datos de la factura.

3. El banco informa al proveedor y le ofrece cobrar hoy mismo por 4.925 €, aplicando un 1,5 % de comisión.

4. El proveedor acepta el anticipo y recibe el dinero de inmediato.

Tipos de confirming

Existen diferentes modalidades de confirming, aunque todas comparten una estructura básica. Las más comunes son:

▸ **Confirming sin anticipo**:

El proveedor cobra en la fecha pactada sin coste alguno.

▸ **Confirming con anticipo**:

El proveedor cobra de inmediato asumiendo una comisión.

▸ **Confirming inverso**:

La iniciativa parte del proveedor, que propone al cliente gestionar los pagos a través de una entidad financiera.

Beneficios para proveedores y empresas

Para el proveedor, el confirming representa una garantía de cobro y una fuente de financiación alternativa al crédito tradicional. Además, evita conflictos con el cliente por retrasos o incertidumbre en los pagos.

Para la empresa pagadora, ofrece ventajas como:

▸ Mayor control sobre el calendario de pagos.

▸ Mejora de relaciones comerciales con sus proveedores.

▸ Posibilidad de negociar plazos más largos de pago sin perjudicar al proveedor.

▸ Reducción de la carga administrativa en la gestión de pagos masivos.

Beneficiario	Ventaja principal	Impacto esperado
Proveedor	Posibilidad de anticipo sin asumir riesgo comercial	Mejora de liquidez inmediata
Empresa cliente	Centralización y orden en los pagos a proveedores	Mayor eficiencia administrativa y financiera

Tabla 2.7. Cuadro resumen: ventajas del confirming

Comparación entre confirming y otros métodos

A diferencia de la transferencia bancaria directa o el giro de pagarés, el confirming permite ofrecer alternativas al proveedor para que gestione su cobro de forma más flexible. Esto convierte al confirming en una herramienta útil en entornos con plazos de pago extendidos o relaciones comerciales prolongadas.

Consideraciones operativas

▼ El confirming no debe utilizarse como forma de retrasar artificialmente pagos.

▼ Su implementación debe ser transparente y comunicada correctamente al proveedor.

▼ El coste de anticipo suele ser asumido por el proveedor, salvo que se pacte lo contrario.

2.2.4 Diferencias clave entre factoring y confirming

Aunque ambos instrumentos están vinculados con la gestión de facturas y son ofrecidos por entidades financieras, el factoring y el confirming tienen naturalezas operativas muy diferentes. Comprender sus diferencias es fundamental para aplicar cada uno correctamente según los objetivos de la empresa: anticipar ingresos o gestionar pagos.

Comparativa funcional

El factoring se orienta a la cesión de créditos pendientes de cobro, mientras que el confirming se enfoca en el pago a proveedores. La empresa que utiliza factoring busca mejorar su liquidez anticipando facturas; en cambio, quien aplica confirming lo hace para organizar y centralizar pagos futuros, beneficiando además a sus proveedores.

Elemento comparado	Factoring	Confirming
Finalidad	Anticipar ingresos por cobrar	Organizar pagos a proveedores
Quién lo contrata	Empresa que vende	Empresa que compra
Intermediario financiero	Factor	Entidad de confirming
Intervención del cliente	Cliente deudor	Proveedor
Riesgo de impago	Puede asumirlo el factor (sin recurso)	Generalmente no hay riesgo

Tabla 2.8. Tabla comparativa: Factoring vs Confirming

Ambas herramientas pueden convivir en la gestión de tesorería y deben aplicarse en función de los flujos operativos del negocio.

2.2.5 Gestión de efectos: planificación y control de vencimientos

Los efectos comerciales (como pagarés y letras de cambio) son compromisos de pago aplazados que deben ser correctamente planificados y controlados. Una gestión deficiente de los vencimientos puede generar problemas de liquidez, intereses por impago o deterioro de la imagen empresarial ante terceros.

Técnicas de planificación

Para evitar imprevistos, es fundamental establecer un calendario de vencimientos que permita:

▼ Anticipar necesidades de tesorería.

▼ Garantizar la disponibilidad de fondos.

▼ Coordinar con los responsables contables y financieros.

Documento	Fecha de emisión	Vencimiento	Importe	Estado
Letra 001	01/04/2025	30/06/2025	3.000 €	Pendiente
Pagaré 112	15/04/2025	15/07/2025	2.500 €	Pendiente

Tabla 2.9. Cuadro de control de vencimientos

Seguimiento e incidencias

Es recomendable utilizar herramientas digitales de seguimiento o incluir alertas automáticas que adviertan de los vencimientos próximos. Asimismo, debe verificarse la autenticidad y legalidad de los documentos emitidos o recibidos.

2.2.6 Clasificación de los efectos comerciales según su naturaleza

Los efectos comerciales son documentos que reflejan una promesa u obligación de pago aplazada entre dos partes. Su correcta identificación y clasificación resulta esencial en la gestión financiera y contable de las empresas, ya que permite aplicar las normativas adecuadas, prever vencimientos y planificar la liquidez.

Existen múltiples tipos de efectos, cada uno con características legales, operativas y contables particulares. Conocerlos permite tomar decisiones acertadas en cuanto a su utilización y control.

Tipos de efectos según su naturaleza

La clasificación más habitual de los efectos comerciales se realiza en función de:

1. **El tipo de documento**:
   - **Letra de cambio**: documento mercantil con fuerza ejecutiva, firmado por el librado.
   - **Pagaré**: compromiso de pago firmado por el emisor.
   - **Cheque**: orden de pago inmediata, aunque también puede tener fecha de vencimiento.

2. **El soporte físico o electrónico**:

- **Físico (papel)**: tradicional, firmado manualmente.
- **Digital o telemático**: emitido y gestionado por medios informáticos.

3. **El plazo de vencimiento**:

- **A la vista**: se cobra inmediatamente tras su presentación.
- **A plazo fijo**: especifica una fecha futura para su cobro.
- **A un número de días desde la emisión o aceptación**.

4. **El origen del emisor**:

- **Emitidos por la empresa** (como pagarés entregados a proveedores).
- **Recibidos de clientes** (como letras aceptadas a cambio de una venta).

EJEMPLO

La empresa ALFA recibe tres efectos comerciales:

▼ Un pagaré a 60 días emitido por un cliente español.

▼ Una letra de cambio con vencimiento a la vista, en formato electrónico.

▼ Un cheque físico emitido por una administración pública.

Documento	Tipo	Plazo	Formato	Emisor
Pagaré cliente	Pagaré	60 días	Papel	Cliente
Letra a la vista	Letra de cambio	A la vista	Electrónico	Cliente
Cheque público	Cheque	Inmediato	Papel	Administración

Tabla 2.10. Clasificación correspondiente

La diversidad de efectos disponibles exige una clasificación rigurosa que facilite su tratamiento contable, bancario y legal. Una gestión eficaz comienza por una identificación adecuada y documentada de cada efecto comercial.

2.2.7 Proceso de cobro a través de entidades financieras

El cobro a través de entidades financieras es uno de los procedimientos más utilizados por las empresas para gestionar sus efectos comerciales (pagarés, letras de cambio, recibos, etc.). Consiste en depositar dichos documentos en un banco o entidad acreditada para que esta se encargue de su presentación al cobro en la fecha de vencimiento.

Este mecanismo resulta especialmente útil en operaciones con pago aplazado, ya que simplifica la administración de los documentos, garantiza una correcta contabilización y, en muchos casos, ofrece la posibilidad de obtener liquidez antes de la fecha de vencimiento mediante el descuento comercial. Además, el banco actúa como intermediario entre la empresa y el cliente deudor, lo que aporta seguridad jurídica y respaldo en el proceso.

2.2.7.1 ETAPAS DEL PROCESO DE COBRO

El procedimiento bancario de cobro de efectos se desarrolla en varias fases, que aseguran la validez y trazabilidad de la operación:

1. **Recepción o emisión del efecto**

   - La empresa emisora genera un documento válido (por ejemplo, un pagaré o una letra de cambio) con una fecha de vencimiento determinada.

   - También puede recibirlo como beneficiaria de un cliente que reconoce la deuda.

2. **Entrega a la entidad financiera**

   - La empresa deposita el documento en su banco para su gestión.

   - Este paso puede hacerse de manera presencial en la oficina bancaria o a través de plataformas de banca electrónica que permiten el envío digital de ficheros normalizados (por ejemplo, Norma 58 para pagarés).

3. **Análisis y registro por parte de la entidad**

   - El banco verifica la validez formal del efecto (firma, importes, vencimiento, datos de librador y librado).

   - Una vez aceptado, se registra en los sistemas internos de la entidad.

4. **Presentación al cobro**

- En la fecha de vencimiento, la entidad presenta el efecto al deudor (librado).

- Si este paga, el banco abona el importe en la cuenta de la empresa.

- Si no paga, se comunica la devolución y se activan los procedimientos de reclamación.

5. **Información de resultados**

- La entidad informa al cliente empresa del resultado de la gestión, tanto si ha sido satisfactorio (efecto cobrado) como negativo (efecto devuelto).

2.2.7.2 ANTICIPO DE EFECTOS

En numerosas ocasiones, las empresas necesitan disponer de liquidez antes de que los efectos depositados lleguen a su vencimiento. Para ello existe el mecanismo de **anticipo o descuento comercial**, por el cual la entidad financiera adelanta el importe del efecto, aplicando intereses y comisiones como contraprestación.

Este sistema no solo mejora la tesorería de la empresa, sino que además evita la necesidad de formalizar nuevos préstamos, ya que la financiación se obtiene a partir de derechos de cobro ya existentes.

Ejemplo de anticipo de un pagaré

- **Valor nominal**: 4.000 €
- **Plazo de vencimiento**: 45 días
- **Comisión bancaria**: 2 % = 80 €
- **Interés aplicado**: 3 % anual (base 360)
  - 4.000 € × 0,03 × (45/360) = **15 €**

Cálculo final:

▶ Gastos totales: 80 € + 15 € = **95 €**

▶ Importe líquido recibido: 4.000 € – 95 € = **3.905 €**

Ventajas del cobro bancario de efectos

▶ **Eficiencia administrativa**: evita desplazamientos y trámites manuales.

▶ **Control documental**: los efectos quedan registrados en la entidad y en la contabilidad.

▶ **Conciliación bancaria**: facilita la verificación automática entre contabilidad y extractos bancarios.

▶ **Liquidez anticipada**: permite descontar los efectos sin necesidad de solicitar un préstamo adicional.

Recomendaciones prácticas

▶ **Revisar siempre los datos del efecto** (importe, fechas, firmas) antes de entregarlo al banco.

▶ **Conservar copia digitalizada** de los documentos depositados, que puede servir de respaldo en caso de incidencias.

▶ **Controlar los vencimientos** mediante el calendario de tesorería, evitando imprevistos de liquidez.

▶ **Confirmar con el banco** la recepción y aceptación de cada efecto.

▶ En caso de anticipos frecuentes, **negociar condiciones** con la entidad para reducir costes de intereses y comisiones.

En conclusión, el proceso de cobro a través de entidades financieras es una herramienta fundamental para las empresas, ya que no solo asegura la correcta gestión de efectos comerciales, sino que también ofrece soluciones de financiación inmediata mediante el anticipo.

Etapa	Descripción	Actor principal
1. Recepción o emisión	La empresa emite o recibe un efecto (pagaré, letra, recibo) con vencimiento.	Empresa (cedente/ beneficiario)
2. Entrega al banco	El efecto se deposita en la entidad financiera, presencial o vía telemática.	Empresa / Banco
3. Análisis y registro	El banco valida el documento (firmas, importe, vencimiento) y lo registra.	Banco
4. Presentación al cobro	En la fecha de vencimiento, el banco presenta el efecto al deudor para su pago.	Banco / Deudor (librado)
5. Resultado	El banco abona el importe a la empresa si el cobro es exitoso, o comunica la devolución en caso de impago.	Banco / Empresa
Anticipo de efectos	La empresa puede solicitar al banco el adelanto del importe del efecto, menos intereses y comisiones (descuento comercial).	Banco (financiador)

Tabla 2.11. Proceso de cobro y anticipo de efectos

Esta tabla sintetiza tanto el flujo normal del cobro como la posibilidad del anticipo.

2.2.8 Registro contable de las operaciones financieras básicas

El registro contable de las operaciones financieras constituye un pilar fundamental en la gestión empresarial, ya que permite reflejar con fidelidad la situación económica y patrimonial de la compañía, además de garantizar el cumplimiento de las obligaciones fiscales y mercantiles.

Operaciones como el **factoring, confirming o la** gestión de efectos generan movimientos contables específicos que, si no se registran correctamente, pueden distorsionar los estados financieros y dificultar la toma de decisiones en tesorería.

Para ello, es indispensable conocer:

▼ Las cuentas contables involucradas.

▼ Las normas establecidas por el Plan General de Contabilidad (PGC).

▼ Los principios aplicables según la naturaleza de la operación (con recurso, sin recurso, anticipada o a vencimiento).

Registro contable del factoring con recurso

El factoring con recurso implica que, si el cliente no paga, la empresa cedente debe responder.

EJEMPLO

Una empresa cede una factura de 8.000 € a una entidad financiera, con un anticipo del 80 % y comisión del 2 %.

Asientos contables:

Aquí tienes los asientos contables en formato tabla, organizados por operación:

Concepto	Cuenta contable	Debe (€)	Haber (€)
Ingreso en cuenta bancaria	572 Bancos	6.400	
Comisión / gastos	669 Otros gastos financieros	160	
Clientes efectos cedidos	4310 Clientes efectos a cobrar		6.560

Tabla 2.12. Asiento 1 – Anticipo recibido (factoring con recurso)

Concepto	Cuenta contable	Debe (€)	Haber (€)
Registro del cliente	430 Clientes	8.000	
Cancelación efectos a cobrar	4310 Clientes efectos a cobrar		8.000

Tabla 2.13. Asiento 2 – Regularización al cobro del cliente

Registro contable del confirming

El **confirming** es un servicio mediante el cual una entidad financiera gestiona el pago a los proveedores de una empresa. Aunque se canaliza a través del banco, contablemente debe reflejarse como un pago a proveedores.

▌ EJEMPLO

Confirmación de pago a proveedor por 5.000 €.

▸ Pago directo:
  • Debe: 400 Proveedores → 5.000 €
  • Haber: 572 Bancos → 5.000 €

▸ Si se aplaza el pago (deuda con entidad de crédito):
  • Debe: 400 Proveedores → 5.000 €
  • Haber: 5200 Deudas con entidades de crédito c/p → 5.000 €

Registro de efectos a cobrar

Cuando una empresa recibe un pagaré de un cliente:

▸ Debe: 4310 Clientes efectos a cobrar → XXX €
▸ Haber: 430 Clientes → XXX €

Cuando se produce el cobro del efecto:

▸ Debe: 572 Bancos → XXX €
▸ Haber: 4310 Clientes efectos a cobrar → XXX €

Operación	Cuenta Debe	Cuenta Haber
Cesión de factura (factoring)	572 Bancos / 669 Gastos financieros	4310 Clientes efectos a cobrar
Confirmación de pago	400 Proveedores	572 Bancos / 5200 Deudas bancarias
Cobro de efectos	572 Bancos	4310 Clientes efectos a cobrar

Tabla 2.14. Cuadro resumen de cuentas contables frecuentes

Consideraciones prácticas

▼ Registrar las operaciones el mismo día en que se produzcan.

▼ Revisar cuidadosamente importes, comisiones y fechas de vencimiento.

▼ Conciliar periódicamente los extractos bancarios con los asientos contables.

▼ Mantener actualizado el control interno de tesorería, asegurando coherencia con el PGC.

2.2.9 Análisis de riesgos en operaciones de anticipo de cobro

El anticipo de cobro de facturas o efectos es una herramienta que puede mejorar notablemente la liquidez de una empresa, al transformar créditos pendientes en efectivo disponible. Sin embargo, estas operaciones conllevan una serie de riesgos que deben ser evaluados y gestionados para evitar pérdidas económicas o problemas contables.

La gestión del riesgo en estas operaciones implica identificar los posibles inconvenientes, analizar su impacto y aplicar medidas de prevención que protejan la estabilidad financiera de la empresa. Principales riesgos asociados

1. **Riesgo de impago del deudor**
   - En operaciones con recurso, si el cliente no cumple, la empresa cedente debe devolver el anticipo.
   - Impacto: pérdida de liquidez y posible tensión financiera.

2. **Riesgo documental**
   - Errores en los datos del efecto (importe, fecha, firma) pueden invalidar el cobro o retrasar la reclamación legal.

3. **Riesgo de coste financiero excesivo**
   - Comisiones e intereses elevados reducen la rentabilidad operativa si se utiliza el anticipo de manera continuada.

4. **Riesgo de dependencia de entidades externas**
   - Una excesiva confianza en bancos o factores puede limitar la autonomía financiera de la empresa

EJEMPLO

Una empresa anticipa mensualmente 50.000 € en facturas a través de una entidad financiera.

 ➤ Comisión: 3 % mensual → 1.500 €

 ➤ Coste anual: 1.500 € × 12 meses = 18.000 €

Esto supone una reducción directa del beneficio operativo que debe evaluarse antes de adoptar este modelo como práctica sistemática.

Riesgo identificado	Posible consecuencia	Medida preventiva
Impago del cliente	Devolución del anticipo a la entidad	Evaluar la solvencia del cliente antes de ceder
Errores documentales	Cobro rechazado o retrasado	Revisión interna y doble validación de efectos
Comisiones elevadas	Reducción de rentabilidad operativa	Comparar condiciones entre entidades financieras
Dependencia externa	Falta de autonomía financiera	Establecer una política de liquidez propia

Tabla 2.15. Cuadro resumen de riesgos y medidas preventivas

Recomendaciones finales

 ➤ Definir un **protocolo de evaluación de clientes** antes de anticipar efectos.

 ➤ Mantener un **control contable actualizado**, con alertas sobre vencimientos.

 ➤ Solicitar **simulaciones financieras** previas a la contratación de cada operación.

 ➤ Formar al personal de tesorería en **análisis de riesgos y negociación bancaria**.

2.3 LIBROS REGISTROS

Los libros de registro constituyen una herramienta esencial para el control administrativo, contable y fiscal de las operaciones de cobro y pago realizadas por una empresa. Estos libros permiten organizar cronológicamente los movimentos financieros, garantizar la trazabilidad documental, prevenir errores contables y cumplir con las exigencias legales. La correcta elaboración, actualización y conservación de estos registros resulta fundamental para una buena gestión económica y para superar con éxito posibles auditorías internas o externas.

2.3.1 Obligaciones legales y fiscales de los libros registro

Toda empresa, con independencia de su tamaño, tiene la obligación de llevar registros que reflejen su actividad financiera. Según el marco normativo español, los libros registro permiten justificar documentalmente los cobros y pagos, así como demostrar el origen de los fondos y la trazabilidad de las operaciones.

Los principales textos legales que regulan estas obligaciones son:

- Código de Comercio (arts. 25 y 28)
- Ley General Tributaria
- Reglamento de facturación (Real Decreto 1619/2012)

Tipos de libros obligatorios:

▼ Libro Diario

▼ Libro Mayor

▼ Libros Registro de IVA de facturas (emitidas y recibidas)

▼ Libro Registro de bienes de inversión

▼ Libro de efectos comerciales emitidos y recibidos (no obligatorio pero altamente recomendable)

Consecuencias del incumplimiento:

▼ Sanciones por parte de la Agencia Tributaria

▼ Imposibilidad de deducción de ciertos gastos o IVA soportado

▼ Dificultades ante revisiones o inspecciones contables

Recomendación práctica

Utilizar herramientas informáticas que permitan exportar los libros en formato digital y mantener copias de seguridad de forma periódica.

2.4 LIBROS REGISTROS

Este capítulo se centra en los libros de registro, una herramienta indispensable para garantizar la transparencia, trazabilidad y cumplimiento normativo en la gestión financiera. Se detallarán sus objetivos, tipos, normativas aplicables, contenidos y recomendaciones prácticas para su implementación efectiva.

2.4.1 Obligaciones legales y fiscales de los libros registro

La llevanza de libros de registro constituye una obligación esencial para todas las empresas y profesionales, ya que garantiza la transparencia contable, el control interno y el correcto cumplimiento de las obligaciones fiscales y mercantiles. Estos libros permiten reflejar de manera ordenada todas las operaciones económicas realizadas, facilitando la trazabilidad de la actividad empresarial y sirviendo de soporte en procesos de aud toría, inspección o revisión contable.

La normativa vigente no solo regula los libros obligatorios, sino que también establece los plazos de conservación, los formatos aceptados y las condiciones para la incorporación de la factura electrónica, que hoy en cía es una de las principales herramientas para modernizar y digitalizar la gestión documental.

Norma	Ámbito de aplicación
Código de Comercio (arts. 25 y 28)	Establece la obligación de llevar contabilidad ordenada, conservar libros y registros contables durante **seis años** desde el último asiento.
Ley General Tributaria (Ley 58/2003)	Define las obligaciones tributarias de los contribuyentes, incluyendo la llevanza de libros de registro para justificar declaraciones fiscales.
Reglamento de facturación (Real Decreto 1619/2012)	Regula los requisitos de emisión de facturas, incluyendo la aceptación de la **factura electrónica** como documento válido.
Ley 25/2013, de impulso de la factura electrónica y creación del registro contable de facturas en el sector público	Obliga a proveedores de las Administraciones Públicas a emitir facturas electrónicas a través del **FACe** (punto general de entrada).
Ley 18/2022, de creación y crecimiento de empresas ("Ley Crea y Crece")	Extiende la obligación de la factura electrónica a todas las empresas y autónomos en operaciones B2B, fomentando la digitalización y el control fiscal.
Normativa SEPA y Reglamento (UE) 910/2014 – eIDAS	Regula aspectos de la firma electrónica y la validez jurídica de los documentos digitales, incluida la factura electrónica.

Tabla 2.16. Normativa vigente en España

La factura electrónica y su papel en los libros registro

La **factura electrónica** tiene la misma validez legal que la factura en papel, siempre que cumpla los requisitos establecidos en la normativa: autenticidad de origen, integridad de contenido y legibilidad. Para ello se emplean mecanismos como la **firma electrónica avanzada** o el **intercambio electrónico de datos (EDI)**.

▶ En el ámbito **privado (B2B)**, la Ley 18/2022 obliga progresivamente a las empresas a utilizar la factura electrónica, garantizando así una mayor trazabilidad y reduciendo el fraude fiscal.

▶ En el ámbito **público (B2G)**, desde 2015 es obligatoria para todos los proveedores que facturen a las Administraciones Públicas, quienes deben presentarla a través del sistema **FACe**.

El registro contable debe reflejar fielmente tanto facturas en papel como electrónicas, siendo estas últimas más eficientes al integrarse de forma automática con los sistemas de contabilidad y tesorería.

Importancia práctica

▶ Garantiza el cumplimiento de las obligaciones mercantiles y tributarias.

▶ Facilita la auditoría interna y externa al conservar registros verificables.

▶ Mejora la eficiencia administrativa gracias a la factura electrónica.

▶ Refuerza el control frente al fraude fiscal al generar trazabilidad digital de las operaciones.

Aspecto	Factura en papel	Factura electrónica
Formato	Documento físico impreso.	Documento digital (XML, PDF con firma, EDI, etc.).
Validez legal	Válida si cumple requisitos formales del **RD 1619/2012**.	Igual validez que la factura en papel si cumple con **Ley 25/2013** y normativa eIDAS.

Aspecto	Factura en papel	Factura electrónica
Emisión y envío	Requiere impresión, manipulación y envío físico (correo postal, mensajería).	Envío inmediato por correo electrónico o plataformas (FACe en B2G, sistemas ERP en B2B).
Conservación	Archivo físico durante 6 años según el Código de Comercio.	Archivo digital seguro y trazable, con mecanismos de integridad y firma electrónica.
Coste	Más elevado (papel, impresión, envío, almacenamiento físico).	Menor coste (reducción de papel, automatización y almacenamiento en la nube).
Trazabilidad	Limitada, requiere control manual de archivo y acceso.	Alta, permite integración automática con libros registro y sistemas contables.
Seguridad	Riesgo de pérdida, deterioro o manipulación física.	Garantizada mediante firma electrónica avanzada y sistemas de encriptación.
Obligatoriedad	Aún aceptada, pero en retroceso.	Obligatoria en el sector público (Ley 25/2013) y en B2B progresivamente (Ley 18/2022).
Eficiencia	Baja: más lenta en emisión, envío y conciliación.	Alta: automatización de procesos, conciliación inmediata y reducción de errores humanos.

Tabla 2.17. Factura en papel vs. Factura electrónica

2.4.2 Registro de cheques emitidos: contenido y estructura

El registro de cheques emitidos es esencial para garantizar un control riguroso de las salidas de efectivo. Consiste en anotar de forma detallada los cheques emitidos por la empresa, permitiendo verificar la correcta aplicación de fondos y evitar fraudes o duplicidades.

Contenido del registro

Este libro debe incluir campos como número de cheque, fecha de emisión, beneficiario, importe, concepto, número de cuenta, fecha de pago y estado del cheque. Además, puede complementarse con observaciones adicionales.

Campo del registro	Descripción
Número de cheque	Identificador único asignado por el banco
Fecha de emisión	Fecha en que se expide el cheque
Beneficiario	Persona o entidad receptora del pago
Importe	Cantidad reflejada en el cheque
Concepto	Motivo del pago
Cuenta bancaria	Número de cuenta desde la que se emite
Fecha de pago	Momento en que el banco procesa el pago
Estado	Indica si el cheque se cobró, pendiente o anulado

EJEMPLO

Supongamos que la empresa XYZ emite tres cheques con las siguientes características:

1. Cheque Nº 1001, emitido el 01/06/2025, por 2.500 € a Proveedor A, pagado el 05/06/2025.

2. Cheque Nº 1002, emitido el 03/06/2025, por 1.000 € a Proveedor B, pendiente de cobro.

3. Cheque Nº 1003, emitido el 04/06/2025, por 3.000 € a Proveedor C, anulado.

Número de cheque	Fecha de emisión	Beneficiario	Importe	Concepto	Cuenta bancaria	Fecha de pago	Estado
1001	01/06/2025	Proveedor A	2.500 €	Compra	ES00...	05/06/2025	Cobrado
1002	03/06/2025	Proveedor B	1.000 €	Servicios	ES00...	-	Pendiente
1003	04/06/2025	Proveedor C	3.000 €	Devolución	ES00...	-	Anulado

Recomendaciones prácticas

▼ Revisar periócicamerte la correspondencia entre cheques emitidos y salidas registradas en contabilidad.

▼ Mantener una copia física o digital de cada cheque emitido.

▼ Conciliar el libro de cheques con los extractos bancarios para evitar errores.

2.4.3 Registro de endosos: control de cesiones y transmisiones

El registro de endosos es crucial para documentar y controla las cesiones de cheques, pagarés u otros efectos comerciales a terceros. Su correcta cumplimentación garantiza la trazabilidad de los movimientos financieros y previene conflictos o fraudes.

Contenido del registro

Este libro debe contener: número de efecto, fecha de endoso, cedente, cesionario, importe, concepto, entidad financiera involucrada y observaciones. La precisión es esencial para validar las transmisiones y su reflejo contable.

Campo	Descripción
Número de efecto	Identificador del documento endosado
Fecha de endoso	Momento de la cesión
Cedente	Persona o entidad que realiza el endoso
Cesionario	Receptor del endoso
Importe	Monto cedido
Concepto	Motivo del endoso
Entidad financiera	Banco o entidad involucrada
Observaciones	Datos adicionales relevantes

EJEMPLO

La empresa XYZ endosa un pagaré de 5.000 € a su proveedor DEF para cancelar una deuda pendiente. El registro se completaría con los datos correspondientes y se reflejaría en contabilidad.

Recomendaciones prácticas

- ▸ Revisar las condiciones del endoso y verificar la solvencia del cesionario.

- ▸ Conservar copias digitales o físicas del efecto y del contrato de endoso.

- ▸ Comunicar el endoso a la entidad financiera para su correcta tramitación.

2.4.4 Registro de transferencias: trazabilidad y validación

El registro de transferencias es esencial para mantener el control y la trazabilidad de las operaciones bancarias. Documentar adecuadamente cada transferencia, indicando detalles relevantes, es fundamental para garantizar la transparencia contable y prevenir errores o fraudes.

Contenido del registro

Este libro debe incluir: fecha, número de referencia, entidad bancaria de origen y destino, importe, concepto, nombre del beneficiario, justificante de la transferencia y observaciones.

Campo	Descripción
Fecha	Día de la transferencia
Nº de referencia	Identificador único otorgado por el banco
Entidad origen/destino	Nombre del banco emisor y receptor
Importe	Cantidad transferida
Concepto	Motivo de la transferencia
Beneficiario	Receptor de los fondos
Justificante	Documento acreditativo de la operación
Observaciones	Información adicional relevante

▮ EJEMPLO

La empresa XYZ realiza una transferencia de 15.000 € a su proveedor ABC por pago de mercancía. El registro incluirá todos los datos mencionados y se archivará el justificante emitido por el banco.

Recomendaciones

- ▶ Revisar los datos antes de confirmar cada transferencia.

- ▶ Conservar justificantes digitales o físicos.

- ▶ Realizar conciliaciones bancarias periódicas para validar la correspondencia.

2.4.5 Registro de transferencias: trazabilidad y validación

El registro de transferencias constituye una herramienta fundamental para controlar y documentar los movimientos electrónicos de fondos de una empresa. Cada transferencia debe quedar reflejada con información detallada para garantizar la transparencia y la trazabilidad.

Contenido detallado

El libro incluirá: fecha, número de referencia, entidad bancaria de origen y destino, importe, concepto, nombre del beneficiario, justificante de la transferencia y observaciones.

Campo	Descripción
Fecha	Día de la transferencia
Nº de referencia	Identificador único otorgado por el banco
Entidad origen/destino	Nombre del banco emisor y receptor
Importe	Cantidad transferida
Concepto	Motivo de la transferencia
Beneficiario	Receptor de los fondos
Justificante	Documento acreditativo de la operación
Observaciones	Información adicional relevante

▌ EJEMPLO

La empresa XYZ realiza una transferencia de 15.000 € a su proveedor ABC. Se documenta con la fecha, referencia, concepto, importe, entidad de origen, beneficiario y justificante.

Fecha	Nº de referencia	Entidad origen	Entidad destino	Importe	Concepto	Beneficiario	Justificante
01/08/2025	TR-20250801-001	Banco A	Banco B	15.000 €	Pago de mercancía	Proveedor ABC	Comprobante adjunto

Recomendaciones prácticas

- ▶ Revisar los datos antes de confirmar cada transferencia.
- ▶ Conservar los justificantes originales y copias digitales.
- ▶ Conciliar el registro con los extractos bancarios.

2.4.6 Ejemplo de cumplimentación de un libro de efectos

En este apartado se desarrollará un caso práctico completo que muestre paso a paso cómo se cumplimenta un libro de efectos. Se incluirán detalles sobre fechas de emisión, vencimientos, importes, datos de clientes, estados de los efectos, entidad financiera y observaciones.

Caso práctico

Supongamos que la empresa XYZ gestiona cinco efectos comerciales durante el mes de julio:

1. Pagaré P-001, 4.000 €, emitido el 01/07/2025, vencimiento 01/09/2025, cliente A, pendiente.

2. Letra L-002, 3.500 €, emitida el 05/07/2025, vencimiento 05/08/2025, cliente B, cobrada.

3. Pagaré P-003, 2.000 €, emitido el 10/07/2025, vencimiento 10/08/2025, cliente C, pendiente.

4. Letra L-004, 5.000 €, emitida el 15/07/2025, vencimiento 15/09/2025, cliente D, pendiente.

5. Pagaré P-005, 6.000 €, emitido el 20/07/2025, vencimiento 20/08/2025, cliente E, anulado.

Número del efecto	Tipo de efecto	Fecha de emisión	Vencimiento	Importe	Cliente	Estado	Entidad financiera	Observaciones
P-001	Pagaré	01/07/2025	01/09/2025	4.000 €	Cliente A	Pendiente	Banco A	En revisión
L-002	Letra	05/07/2025	05/08/2025	3.500 €	Cliente B	Cobrada	Banco B	Justificante archivado
P-003	Pagaré	10/07/2025	10/08/2025	2.000 €	Cliente C	Pendiente	Banco A	En seguimiento
L-004	Letra	15/07/2025	15/09/2025	5.000 €	Cliente D	Pendiente	Banco C	Controlado
P-005	Pagaré	20/07/2025	20/08/2025	6.000 €	Cliente E	Anulado	Banco A	Anulado por error

Tabla 2.18. Cumplimentación del libro de efectos

Este ejemplo muestra cómo detallar cada registro de efectos comerciales, facilitando el control y la conciliación contable.

2.4.7 Control interno mediante libros auxiliares

El control interno es el conjunto de políticas, procedimientos y actividades que una organización diseña con el objetivo de garantizar que su información contable sea fiable, transparente y libre de errores o fraudes. Dentro de este sistema, los libros auxiliares desempeñan un papel fundamental, ya que permiten un desglose detallado de las operaciones registradas en los libros principales.

¿Qué son los libros auxiliares?

Son registros contables que complementan al libro mayor o a las cuentas principales, ofreciendo un nivel de detalle que facilita la gestión, el análisis y la trazabilidad de las operaciones.

EJEMPLO

- En el **libro mayor** aparece la cuenta "Clientes" con un saldo global de 50.000 €.

- En el **libro auxiliar de clientes**, ese saldo se desglosa en los importes que debe cada cliente individual:
  - Cliente A: 15.000 €
  - Cliente B: 20.000 €
  - Cliente C: 15.000 €

De esta manera, el responsable de tesorería puede saber quién debe qué cantidad y en qué fecha vence cada factura.

Ventajas de los libros auxiliares

- **Claridad**: permiten conocer la composición de los saldos globales.

- **Control**: facilitan la detección de errores, fraudes u omisiones.

▼ **Agilidad**: proporcionan información detallada a auditores, bancos y gestores.

▼ **Prevención**: ayudan a anticipar incidencias en cobros y pagos.

Libro principal	Libro auxiliar	Utilidad principal
Clientes	Libro de facturas emitidas y pendientes	Seguimiento detallado de saldos por cliente
Proveedores	Libro de facturas recibidas	Control de vencimientos y pagos
Bancos	Libro auxiliar de movimientos	Conciliación con extractos bancarios
Caja	Libro de caja diario	Control de cobros y pagos en efectivo

Tabla 2.19. Cuadro comparativo: libros principales vs. auxiliares

2.4.8 Aplicaciones informáticas para el registro automatizado

El desarrollo de la tecnología ha transformado la forma en que las empresas registran y gestionan su contabilidad. Hoy en día, la mayoría de las organizaciones utilizan aplicaciones informáticas que permiten llevar los libros contables de manera automatizada.

Ventajas del registro automatizado

▼ **Precisión**: disminuye los errores humanos en la introducción de datos.

▼ **Rapidez**: registra operaciones en tiempo real.

▼ **Integración**: conecta los módulos de facturación, inventario, bancos y nóminas.

▼ **Seguridad**: incorpora copias de seguridad y accesos restringidos.

▼ **Trazabilidad**: conserva un historial completo de operaciones.

Tipos de aplicaciones

- ⚑ **ERP (Enterprise Resource Planning):** SAP, Oracle NetSuite o Microsoft Dynamics, que integran todas las áreas de la empresa.

- ⚑ **Programas de contabilidad específicos:** ContaPlus, A3CON, Holded, que se centran en la contabilidad y la gestión financiera.

- ⚑ **Aplicaciones de tesorería y conciliación bancaria:** Sage XRT, Kyriba, Beesy, que ayudan en la planificación y el control del flujo de caja.

EJEMPLO

Una empresa emite una factura de venta por valor de 1.500 € con vencimiento a 30 días. El software:

1. Crea automáticamente el asiento contable en la cuenta de clientes.

2. Agenda la fecha de vencimiento en el módulo de tesorería.

3. Envía un aviso al responsable de cobros.

4. Integra el asiento en el libro auxiliar de clientes.

Resultado: toda la información queda registrada de forma inmediata, coherente y accesible.

2.4.9 Normas de conservación documental

La **conservación de documentos contables y mercantiles** es una obligación legal para todas las empresas, y además constituye una buena práctica de gestión para poder demostrar la veracidad de los registros.

Plazos de conservación en España

- ⚑ **Código de Comercio (art. 30):** 6 años para libros contables, facturas y documentación relacionada.

- ⚑ **Ley General Tributaria (art. 66):** 4 años para documentación con relevancia tributaria.

◤ **Normativa específica:** en contratos públicos o subvenciones, puede exigirse conservar la documentación hasta 10 años.

Medios de conservación

◤ **Soporte físico:** archivadores, cajas, cámaras ignífugas.

◤ **Soporte digital:** escaneo y almacenamiento en servidores internos o en la nube, siempre garantizando la integridad y autenticidad de la información.

Documento	Plazo de conservación
Libros contables	6 años
Facturas emitidas y recibidas	4 años
Nóminas y seguros sociales	4 años
Documentación fiscal	4 años
Subvenciones públicas	10 años

Tabla 2.20. Cuadro resumen

EJEMPLO

Una auditoría fiscal de 2025 puede solicitar las facturas emitidas en 2021. Por tanto, la empresa debe conservarlas, al menos, hasta el 31 de diciembre de 2025.

2.4.10 Conciliación de registros con extractos bancarios

La conciliación bancaria consiste en comparar los registros contables internos de la empresa con los extractos bancarios proporcionados por la entidad financiera, para comprobar que ambos coinciden.

Finalidad

▰ Garantizar la fiabilidad de los saldos contables.

▰ Detectar diferencias y errores.

▰ Evitar fraudes y descuadres de tesorería.

Pasos básicos

1. Obtener el extracto bancario del período.

2. Comparar con el libro auxiliar de bancos.

3. Identificar diferencias: comisiones, transferencias no contabilizadas, cheques pendientes de cobro.

4. Ajustar los registros internos mediante asientos contables.

EJEMPLO

- Saldo contable: 5.200 €
- Saldo bancario: 5.000 €
- Diferencia: -200 €

Análisis:

El banco cargó 200 € de comisiones no registradas.

Asiento de regularización:

(626) Servicios bancarios 200 €

(572) Bancos   200 €

Resultado:

Saldo contable ajustado = 5.200 €, coincidente con el extracto bancario.

2.4.11 Verificación y auditoría de libros de cobro y pago

La verificación y la auditoría de los libros de cobro y pago son actividades esenciales para asegurar que la información contable refleje fielmente la realidad económica de la empresa.

Verificación interna

Realizada por el departamento de administración o tesorería. Se lleva a cabo de manera continua y busca detectar errores y corregirlos a tiempo.

Auditoría externa

Realizada por profesionales independientes, normalmente con carácter anual. Su objetivo es emitir una opinión objetiva sobre la fiabilidad de la información financiera.

Aspectos que revisar

> ☛ Existencia de documentos justificativos (facturas, recibos, extractos).

> ☛ Correcta contabilización de cobros y pagos.

> ☛ Concordancia entre libros auxiliares y principales.

> ☛ Cumplimiento de la normativa mercantil y fiscal.

Característica	Control interno	Auditoría externa
Responsable	Personal propio de la empresa	Firma auditora independiente
Periodicidad	Continua	Generalmente anual
Finalidad	Prevenir errores y fraudes	Emitir opinión sobre la fiabilidad contable

Tabla 2.21. Tabla comparativa: control interno vs. auditoría externa

▌ EJEMPLO

Durante una auditoría externa, el auditor detecta que en el libro de cobros aparecen facturas vencidas por valor de 50.000 € que no han sido provisionadas como incobrables. La recomendación es registrar la **provisión por insolvencias**, ajustando así los estados financieros a la normativa contable.

2.5 TARJETAS DE CRÉDITO Y DÉBITO

Las **tarjetas bancarias** son uno de los instrumentos financieros más utilizados en la actualidad tanto a nivel personal como empresarial. Permiten realizar pagos en comercios físicos y electrónicos, retirar dinero en cajeros automáticos y domiciliar gastos. En el entorno empresarial, las tarjetas son muy útiles porque aportan **rapidez, seguridad, trazabilidad de los pagos** y facilitan la gestión de gastos de empleados y departamentos.

Sin embargo, la comodidad que ofrecen también implica riesgos: un mal uso, una falta de control o una deficiente justificación de los movimientos puede generar **desajustes contables, pérdidas económicas, fraudes o sanciones fiscales**. Por ello, la gestión de tarjetas en las empresas debe ir siempre acompañada de **políticas claras de uso, sistemas de control interno y procedimientos de conciliación contable**.

2.5.1 Diferencias entre tarjetas de crédito, débito y prepago

Antes de profundizar en la gestión empresarial, es importante diferenciar los tres tipos principales de tarjetas:

1. **Tarjeta de débito**

   - Cada pago se descuenta de forma inmediata del saldo disponible en la cuenta corriente vinculada.

   - Solo permite gastar lo que realmente hay en la cuenta.

   - Son muy seguras porque no generan deuda, pero limitan la capacidad de pago.

   Ejemplo: si un empleado paga un billete de tren con tarjeta de débito de empresa, el importe se descuenta en el mismo momento de la cuenta bancaria de la organización.

2. **Tarjeta de crédito**

   - El banco adelanta el dinero y lo carga a final de mes o en cuotas mensuales.

   - Permite financiar compras y ganar liquidez, aunque puede generar intereses elevados si no se paga a tiempo.

   - Son muy utilizadas en empresas para gastos de representación, viajes o compras de materiales urgentes.

   Ejemplo: la empresa compra material informático valorado en 3.000 € con tarjeta de crédito, pactando pagar en tres plazos.

3. **Tarjeta prepago**

   - Es una tarjeta recargable con un saldo limitado.

   - No está asociada directamente a una cuenta corriente.

   - Muy útil para controlar gastos de empleados, ya que nunca se puede gastar más de lo que se ha cargado previamente.

▌ EJEMPLO

Se entrega a un comercial una tarjeta prepago con 500 € mensuales para dietas de viaje.

Tipo de tarjeta	Forma de pago	Riesgos	Ventajas en empresa
Débito	Pago inmediato con cargo directo en cuenta	Falta de liquidez si la cuenta no tiene fondos	Seguridad y control directo
Crédito	Cargo diferido o a plazos	Intereses y endeudamiento si no se gestiona bien	Liquidez inmediata y flexibilidad
Prepago	Límite recargado previamente	Pérdida de saldo si se extravía	Control total del gasto de empleados

Tabla 2.22. Tabla comparativa

2.5.2 Políticas internas para el uso de tarjetas en empresas

Las tarjetas son una herramienta muy poderosa, pero su **mal uso puede derivar en fraudes internos, gastos no justificados o conflictos con la administración tributaria**. Por eso, cada empresa debe definir **políticas claras de uso** que todo empleado con tarjeta corporativa debe conocer y cumplir.

Algunas recomendaciones de política interna:

▸ **Asignación nominativa:** cada tarjeta debe estar vinculada a un empleado concreto. Nunca se deben compartir entre varias personas.

▸ **Límites de gasto:** establecer topes diarios, semanales o mensuales, dependiendo del puesto y necesidades del empleado.

◤ **Autorizaciones previas:** para ciertos gastos superiores a un importe, puede requerirse autorización del director financiero o de tesorería.

◤ **Justificación documental:** todo pago debe ir acompañado de factura o ticket, entregado en un plazo máximo (por ejemplo, 48 horas tras el gasto).

◤ **Revisión periódica:** e. departamento de tesorería debe revisar los movimientos cada semana o mes y comprobar su adecuación.

EJEMPLO DE POLÍTICA INTERNA

Un empleado tiene una tarjeta corporativa con un límite mensual de 1.000 €. Puede utilizarla para viajes de trabajo, comidas con clientes o compras de material de oficina. Cualquier gasto superior a 300 € requiere autorización previa. Además, debe entregar todas las facturas a administración antes del día 5 de cada mes.

2.5.3 Identificación y clasificación de movimientos

La correcta gestión contable exige **clasificar los movimientos realizados con tarjeta** según su naturaleza. De lo contrario, los gastos quedarían mezclados y dificultarían tanto la contabilidad como la declaración de impuestos.

Ejemplo de clasificación:

◤ **Viajes:** hoteles, billetes de avión, taxis.

◤ **Representación:** comidas y cenas con clientes.

◤ **Material de oficina:** papelería, equipos informáticos.

◤ **Suscripciones y licencias:** software, servicios digitales.

◤ **Otros gastos menores:** peajes, combustible, dietas.

Beneficio didáctico: con esta clasificación, la empresa puede generar informes que indiquen cuánto se gasta en viajes, en representación o en suministros, facilitando la toma de decisiones.

2.5.4 Punteo de operaciones con tarjetas

El punteo es un procedimiento de control que consiste en verificar que cada movimiento registrado por el banco corresponde a un gasto real y justificado.

- ✔ Movimiento con justificante correcto → se valida y se contabiliza.

- ✘ Movimiento sin justificante → se solicita al empleado el documento que lo acredite.

- ✘ Movimiento sospechoso → se bloquea la tarjeta y se investiga.

EJEMPLO

- Extracto tarjeta: 120 € Restaurante "La Terraza".

- Ticket entregado: 120 € → correcto.

- Extracto tarjeta: 80 € Compra en supermercado.

- Ticket entregado: no disponible → gasto no justificado → pendiente de revisión.

2.5.5 Proceso de conciliación contable

La conciliación de tarjetas es similar a la conciliación bancaria, pero aplicada a los extractos de las tarjetas corporativas.

Pasos básicos

1. Descargar el extracto de la tarjeta del banco.

2. Revisar justificantes entregados por los empleados.

3. Clasificar los gastos según su naturaleza.

4. Comprobar que la suma coincide con el cargo que el banco realiza en la cuenta.

5. Realizar los asientos contables correspondientes.

EJEMPLO

▼ Extracto de tarjeta:

- Hotel: 350 €
- Taxi: 40 €
- Papelería: 60 €
- Software: 100 €

▼ Total: 550 €

▼ Cargo global en cuenta: 550 €

Conciliación correcta → los importes coinciden y todos los justificantes están aportados.

2.5.6 Registro y justificación de gastos con tarjeta

Los gastos con tarjeta deben registrarse de forma inmediata en la contabilidad. Mientras no se cargue el importe en la cuenta bancaria, se contabilizan en la cuenta (555) Partidas pendientes de aplicación.

EJEMPLO CONTABLE PASO A PASO

1. **Compra de material de oficina con tarjeta de crédito por 300 € (IVA 21 %).**

   (629) Otros servicios   248 €

   (472) IVA soportado   52 €

   (555) Partidas pendientes 300 €

2. **Cuando el banco carga la liquidación:**

   (555) Partidas pendientes 300 €

   (572) Bancos   300 €

De esta forma, se mantiene un control exacto de cada gasto y se garantiza que queda reflejado en la contabilidad.

2.5.7 Seguridad y control del fraude

El uso de tarjetas conlleva riesgos: clonación, phishing, uso indebido por empleados, compras no autorizadas... Para evitarlos, se recomienda:

- Activar autenticación reforzada (doble verificación con SMS o app bancaria).

- Limitar los importes y usos de cada tarjeta.

- Revisar con frecuencia los movimientos para detectar gastos no reconocidos.

- Bloquear inmediatamente la tarjeta en caso de robo o extravío.

EJEMPLO DE FRAUDE TÍPICO

Un empleado utiliza la tarjeta corporativa para compras personales. Gracias al control interno (revisión semanal de extractos), el gasto se detecta rápidamente y se exige la devolución del importe.

2.5.8 Impacto fiscal del uso de tarjetas en la empresa

Los pagos con tarjeta pueden ser deducibles en el Impuesto sobre Sociedades y en el IVA, pero solo si cumplen tres condiciones:

1. El gasto está vinculado a la actividad económica.

2. Existe una factura válida con los datos fiscales correctos.

3. Está registrado en la contabilidad.

EJEMPLO FISCAL

- Comida de trabajo → factura con NIF y detalle → deducible.
- Ticket sin NIF → no deducible.

Por eso es tan importante que cada empleado aporte las facturas y no solo los tickets.

2.5.9 Ejemplo: conciliación con tarjeta empresarial

Concepto	Importe	Justificante	Clasificación
Hotel Madrid	350 €	Factura con NIF	Gastos de viaje
Taxi aeropuerto	40 €	Ticket	Dietas
Papelería	60 €	Factura	Material oficina
Software	100 €	Factura electrónica	Servicios

Tabla 2.23 Extracto de tarjeta corporativa

Resultado

- Total extracto: 550 €
- Total contabilidad: 550 €
- Conciliación correcta y gastos debidamente clasificados.

2.5.10 Normativa aplicable y recomendaciones del Banco de España

La utilización de tarjetas está regulada por:

- **Real Decreto-ley 19/2018** de servicios de pago.

- **Directiva PSD2** (normativa europea que exige autenticación reforzada del cliente).

- **Recomendaciones del Banco de España**, que incluyen:
  - Transparencia en las comisiones.
  - Derechos del usuario frente a operaciones fraudulentas.
  - Información clara en los contratos de emisión de tarjetas.

- Estandar de seguridad PCI DSS (Payment Card Industry Data Security Standard)

Recomendación final

Las empresas deben mantenerse al día con las directivas europeas y circulares del Banco de España, ya que las exigencias de seguridad evolucionan constantemente en el ámbito digital.

2.6 TESORERÍA Y DOCUMENTACIÓN A TRAVÉS DE BANCA ONLINE

La digitalización ha transformado de manera radical la gestión de tesorería en las empresas. Hoy en día, prácticamente todas las entidades financieras ofrecen servicios de **banca online empresarial**, que permiten realizar operaciones financieras, gestionar la documentación y cumplir obligaciones fiscales desde un mismo entorno digital, con gran rapidez y seguridad.

El uso de estas herramientas aporta numerosas ventajas: ahorro de tiempo, reducción de costes administrativos, mejora en el control de operaciones y mayor capacidad de análisis financiero. Sin embargo, exige también conocer sus funcionalidades, adoptar medidas de seguridad adecuadas y establecer procedimientos internos que aseguren la correcta utilización de la plataforma.

A continuación, se detallan los principales aspectos relacionados con la tesorería y la documentación a través de banca online.

2.6.1 Funcionalidades comunes de la banca online empresarial

Las plataformas de banca electrónica para empresas suelen ofrecer un conjunto de funciones diseñadas para cubrir las necesidades más habituales en la gestión financiera. Entre las más importantes podemos destacar:

▾ Consulta de saldos y movimientos en tiempo real. Esto permite a los responsables financieros conocer la situación de liquidez de la empresa en cada momento.

▶ Emisión de transferencias nacionales e internacionales. Es posible programar pagos a proveedores o realizar transferencias urgentes, incluso en divisas distintas al euro.

▶ Gestión de domiciliaciones de cobros y pagos. La empresa puede autorizar o rechazar recibos domiciliados, así como programar cobros recurrentes.

▶ Control y administración de tarjetas corporativas. El sistema permite asignar límites de gasto, revisar consumos y obtener extractos detallados de cada tarjeta.

▶ Acceso a información de productos financieros. Desde la banca online se pueden consultar préstamos, líneas de crédito, depósitos u otros productos contratados.

▶ Exportación de informes financieros. Los extractos pueden descargarse en diferentes formatos (PDF, Excel, XML), facilitando la conciliación y el análisis de datos.

▌ EJEMPLO

Una pyme que tiene tres cuentas bancarias puede acceder desde un único panel a toda la información consolidada, ver qué clientes han pagado y preparar las transferencias del día sin necesidad de acudir a una sucursal.

2.6.2 Consulta y descarga de extractos bancarios

El extracto bancario es una de las herramientas básicas de la gestión de tesorería, ya que refleja todos los movimientos realizados en una cuenta. Gracias a la banca online, las empresas pueden:

▶ Consultar los movimientos en tiempo real, filtrando por fechas, importes o conceptos.

▶ Descargar los extractos en distintos formatos según las necesidades contables: PDF para archivado, Excel para análisis, XML o CSV para integración automática en programas de contabilidad.

▶ Recibir alertas automáticas configuradas por importe o tipo de operación.

La gran ventaja de esta funcionalidad es la inmediatez: no es necesario esperar al cierre mensual para disponer de la información. Esto facilita enormemente la **conciliación bancaria**, el control de tesorería y la detección temprana de posibles incidencias.

2.6.3 Obtención de justificantes de pagos y cobros

Cada operación realizada a través de la banca online genera un justificante electrónico, que tiene la misma validez legal que un resguardo físico. Estos justificantes son imprescindibles como prueba documental en auditorías y revisiones fiscales.

- Transferencias emitidas a proveedores.

- Cobros recibidos de clientes.

- Pagos de nóminas.

- Domiciliaciones de recibos.

El justificante suele incluir los datos esenciales: fecha, importe, ordenante, beneficiario y referencia bancaria.

EJEMPLO

Si una empresa paga 2.500 € a un proveedor, la plataforma genera un documento electrónico que puede guardarse en PDF y archivarse junto con la factura correspondiente, garantizando trazabilidad y justificación contable.

2.6.4 Acceso y presentación de documentación fiscal online

La banca online también se ha convertido en un aliado para la **gestión fiscal** de las empresas, ya que permite:

- Acceder a los modelos tributarios generados (IVA, IRPF, Impuesto de Sociedades, etc.).

▼ Realizar el pago telemático de impuestos directamente desde la cuenta bancaria.

▼ Obtener justificantes de presentación y pago con validez legal.

▼ Integrar las operaciones fiscales en el sistema contable de la empresa.

Ventaja: este procedimiento elimina desplazamientos y reduce la carga administrativa. Además, garantiza la trazabilidad de los pagos fiscales, lo cual es especialmente importante en auditorías tributarias.

2.6.5 Certificados digitales y acceso seguro

El acceso a la banca online empresarial requiere de altos estándares de seguridad, ya que se trata de operaciones críticas para la organización.

Los mecanismos más habituales son:

▼ Contraseñas personales para cada usuario autorizado.

▼ Autenticación reforzada mediante SMS o aplicaciones móviles.

▼ Empleo de certificados digitales, que acreditan la identidad jurídica de la empresa.

▼ Asignación de perfiles de usuario con distintos niveles de acceso: administrador, tesorero, consulta.

Nivel de seguridad	Ejemplo	Objetivo
Básico	Contraseña de usuario	Identificación inicial
Intermedio	SMS o token	Autenticación reforzada
Avanzado	Certificado digital	Garantía de identidad y validez legal

Tabla 2.24. Cuadro explicativo de seguridad en banca online

2.6.6 Uso de plataformas oficiales: AEAT, Seguridad Social

La banca online suele estar integrada con las principales plataformas oficiales, lo que facilita el cumplimiento de obligaciones:

- ▼ AEAT (Agencia Tributaria): presentación y pago telemático de impuestos.

- ▼ Seguridad Social: pago de cotizaciones y consulta de recibos de liquidación.

- ▼ Otros organismos públicos: liquidación de tasas autonómicas y municipales.

EJEMPLO

La empresa presenta el modelo 111 de retenciones de IRPF a través de la AEAT y, en el mismo momento, abona el importe con cargo automático en su cuenta bancaria.

2.6.7 Gestión documental electrónica: archivo y conservación

Uno de los grandes beneficios de la banca online es la posibilidad de descargar y archivar todos los documentos en formato digital. Esto incluye:

- ▼ Extractos bancarios.
- ▼ Justificantes de transferencias.
- ▼ Certificados fiscales.
- ▼ Recibos de pagos de impuestos.

La conservación documental debe cumplir la normativa vigente: en España, el **Código de Comercio obliga a conservar la documentación contable durante al menos 6 años**, y la Ley General Tributaria establece un plazo de 4 años para la documentación con relevancia fiscal.

▌ EJEMPLO

Un justificante de pago de IVA realizado en 2024 debe conservarse, como mínimo, hasta 2030.

2.6.8 Validación de movimientos y conciliaciones en línea

Gracias a la banca online, las empresas pueden realizar validaciones y conciliaciones automáticas de los movimientos bancarios:

- ► Comparar los movimientos del banco con los registros contables internos.

- ► Detectar diferencias automáticamente (por ejemplo, comisiones no registradas).

- ► Generar asientos contables automáticos de regularización.

▌ EJEMPLO

Si el banco carga 30 € por comisiones, el sistema puede generar automáticamente el asiento en la cuenta (626) Servicios bancarios.

2.6.9 Procedimientos para la firma digital de operaciones

En la gestión de tesorería, muchas operaciones requieren de un mecanismo de autorización digital que garantice tanto la identidad de los firmantes como la integridad de la transacción. Este proceso se lleva a cabo mediante el uso de la firma digital, regulada en el ámbito europeo por el **Reglamento (UE) 910/2014 (eIDAS)** y, en España, por la **Ley 59/2003 de Firma Electrónica**.

La firma digital resulta especialmente importante en operaciones de gran relevancia económica o con riesgo financiero elevado, tales como:

- ► **Transferencias internacionales de alto importe.**

- ► **Pagos de nóminas** en empresas con gran número de trabajadores.

- ► **Órdenes de inversión o financiación** (p. ej., adquisición de activos financieros, préstamos sindicados).

Tipos de firma digital según nivel de seguridad

1. **Firma electrónica simple**

   - Es la más básica. Se asocia a datos electrónicos como un PIN, una contraseña o la validación mediante correo electrónico o SMS.

   - Aunque útil para operaciones de bajo riesgo, ofrece menos garantías legales en caso de disputa.

2. **Firma electrónica avanzada**

   - Garantiza la identificación del firmante y la integridad del documento firmado.

   - Se vincula de forma única a su autor y permite detectar cualquier modificación posterior.

   - Es la más utilizada en el ámbito empresarial para operaciones financieras y fiscales.

3. **Firma electrónica cualificada**

   - Se basa en un **certificado digital cualificado** emitido por un Prestador de Servicios de Confianza (por ejemplo, FNMT en España).

   - Tiene el mismo valor legal que la firma manuscrita.

   - Es la exigida en procesos administrativos oficiales y en operaciones críticas de tesorería.

Modelos de autorización en tesorería

- **Firma simple**: una sola persona con autoridad aprueba la operación.

- **Firma mancomunada**: requiere la intervención de dos o más responsables. Se utiliza para reforzar la seguridad en operaciones de riesgo.

- **Firma escalonada**: en función del importe, la operación requiere un número mayor de autorizaciones (ejemplo: hasta 10.000 € un responsable; de 10.001 a 50.000 € dos responsables; más de 50.000 € tres responsables).

▌ EJEMPLO

Una transferencia de 100.000 € requiere la firma digital conjunta del director financiero y del gerente. Ambos deben autenticarse mediante certificados digitales cualificados para que el banco ejecute la operación.

2.6.10 Automatización de la gestión de tesorería a través de APIs bancarias

Las **APIs bancarias (Application Programming Interfaces)** son herramientas tecnológicas que permiten la **integración directa** entre los sistemas internos de gestión de la empresa (ERP, software de tesorería o contabilidad) y los servicios del banco.

Gracias a ellas, las empresas pueden operar en un **entorno de banca abierta (open banking)**, impulsado por la **Directiva PSD2 (UE 2015/2366)**, que obliga a las entidades financieras a facilitar la conexión segura de terceros autorizados a sus sistemas.

Ventajas principales de las APIs bancarias

▸ **Actualización automática de saldos** en tiempo real dentro del ERP o sistema de tesorería.

▸ **Automatización de pagos a proveedores**, eliminando tareas manuales repetitivas.

▸ **Conciliación bancaria inmediata**, al integrar los movimientos bancarios diarios con la contabilidad.

▸ **Generación de alertas de tesorería**, notificando descubiertos, vencimientos o incidencias de cobro.

▸ **Seguridad reforzada**, ya que las APIs utilizan protocolos de autenticación avanzados (OAuth2, tokens dinámicos, certificados digitales).

EJEMPLO AVANZADO DE USO DE API

Una empresa conecta su ERP a través de una API bancaria con su entidad financiera. Cada mañana, el sistema recibe automáticamente los extractos bancarios del día anterior, actualiza los saldos de todas las cuentas y genera alertas de vencimiento de facturas.

De esta manera:

▸ Se eliminan procesos manuales de descarga y carga de ficheros.

▸ Se reduce el margen de error humano.

▸ La dirección financiera dispone de **información en tiempo real** para la toma de decisiones estratégicas.

En conclusión, la **firma digital** aporta seguridad y trazabilidad a las operaciones críticas de tesorería, mientras que las **APIs bancarias** permiten una gestión automatizada, eficiente y conectada en tiempo real con el sistema financiero. Ambas herramientas son pilares de la modernización de la función financiera en la empresa.

Tipo de firma digital	Características principales	Nivel de seguridad	Ejemplo de uso en tesorería
Firma electrónica simple	- Basada en datos básicos como PIN, contraseña o SMS.- No requiere certificado digital.	Bajo	Aprobación de un pago menor a 1.C00 € mediante clave SMS en banca online.
Firma electrónica avanzada	- Identifica de forma única al firmante.- Vinculada a un certificado digital no cualificado.- Detecta cambios en el documento.	Medio/Alto	Firma digita. de una orden de pago a proveedores por 25.000 € en un ERP conectado al barco.
Firma electrónica cualificada	- Basada en un **certificado digital cualificado** (ej. FNMT en España).- Equivalente legal a la firma manuscrita.- Reconocida por el reglamento **eIDAS**.	Muy alto	Autorización conjunta (CFO + Gerente) de una transferencia internacional de 500.000 €.

2.7 CUESTIONARIO

1. **Un documento de cobro y pago es:**
   a) Un contrato privado sin validez contable.
   b) Cualquier soporte físico o digital que acredita una operación económica entre dos partes.
   c) Un extracto bancario mensual.
   d) Un albarán interno sin efectos jurídicos.

2. **Una ventaja clave de la documentación telemática en tesorería es:**
   a) Mayor uso de papel.
   b) Menor trazabilidad de las operaciones.
   c) Automatización e interoperabilidad (p. ej., ficheros SEPA XML).
   d) Eliminación de todas las obligaciones normativas.

3. **En el adeudo directo SEPA B2B:**
   a) El deudor puede devolver el cargo libremente durante 8 semanas.
   b) Es obligatorio que el deudor autorice previamente la orden en su banco y el cargo es, en principio, irrevocable.
   c) Solo aplica a particulares.
   d) No requiere mandato.

4. **Una transferencia SEPA inmediata se caracteriza por:**
   a) Liquidarse en 2–5 días.
   b) Ejecutarse en segundos, 24/7, con posible mayor comisión.
   c) Exigir código SWIFT/BIC de países fuera de SEPA.
   d) Ser siempre periódica por definición.

5. Entre los elementos formales del cheque NO figura:

a) Orden incondicional de pago.

b) Identificación del libraco (banco).

c) Firma del librador.

d) Interés pactado y TAE mínima.

6. El pagaré se define principalmente como:

a) Una orden inmediata de pago contra un banco.

b) Una promesa de pago a fecha futura con fuerza ejecutiva en caso de impago.

c) Un justificante de entrega de mercancía.

d) Un recibo de caja menor.

7. La remesa de efectos consiste en:

a) Agrupar varios documentos de cobro y enviarlos al banco para su gestión.

b) Emitir un único cheque por todas las ventas del mes.

c) Pagar nóminas por transferencia.

d) Gestionar solo letras de cambio físicas.

8. El software/ERP aplicado a tesorería aporta, entre otros, este beneficio:

a) Sustituye la obligación de conservar documentos.

b) Genera asientos contables automáticos y mejora la trazabilidad.

c) Elimina toda necesidad ce conciliación.

d) Permite ignorar los formatos SEPA.

9. En la clasificación de transferencias online, una transferencia internacional (SWIFT):

a) Requiere IBAN y, habitualmente, BIC/SWIFT y suele tardar 2–5 días.

b) Siempre es inmediata.

c) Solo puede ser periódica.

d) No admite conceptos ni referencias.

10. Una buena práctica en la emisión y archivo de documentación de pago es:

a) No usar firma electrónica para agilizar.

b) Usar formatos homologados (SEPA, PDF firmado), validar datos y conservar registros 5–6 años.

c) Guardar solo justificantes en papel.

d) Evitar controles internos para reducir tiempos.

Respuestas correctas

1. b)
2. c)
3. b)
4. b)
5. d)
6. b)
7. a)
8. b)
9. a)
10. b)

3

Métodos básicos de control de tesorería

En el ámbito empresarial, el control de tesorería se convierte en un pilar fundamental para garantizar la estabilidad financiera de la organización. No basta con llevar un registro de ingresos y gastos: es necesario contar con herramientas que permitan **anticiparse a los problemas de liquidez**, mantener la solvencia frente a terceros y asegurar que siempre habrá fondos suficientes para cumplir con las obligaciones en los plazos establecidos.

Los métodos básicos de control de tesorería constituyen el núcleo de esa función. Se trata de instrumentos sencillos en su concepción, pero muy potentes en la práctica, ya que permiten organizar y supervisar las operaciones financieras del día a día. Entre ellos, destacan el **presupuesto de tesorería**, el **libro de caja** y el **libro de bancos**, que forman un sistema interrelacionado para prever, registrar y comprobar la realidad financiera de la empresa.

En este apartado se abordará el primero de ellos: el **presupuesto de tesorería**, herramienta de carácter preventivo y estratégico que ayuda a gestionar los recursos monetarios de forma planificada.

3.1 PRESUPUESTO DE TESORERÍA

El presupuesto de tesorería es un documento que recoge de forma sistemática y anticipada los flujos de entrada (cobros) y salida (pagos) de efectivo que se espera realizar en un período determinado. Su finalidad es prever con la mayor exactitud posible la disponibilidad de liquidez y, en consecuencia, facilitar la toma de decisiones.

A diferencia de otros presupuestos más generales (como el de ventas o el de gastos), el presupuesto de tesorería tiene un enfoque muy concreto: se centra en el **dinero disponible en caja y bancos**, es decir, en la capacidad inmediata de la empresa para atender pagos sin tener que recurrir a financiación urgente.

Un ejemplo cotidiano ayuda a entenderlo mejor: igual que una familia planifica sus ingresos (salarios, ayudas, devoluciones de impuestos) y sus gastos (alquiler, suministros, comida, ocio), la empresa necesita anticipar sus entradas y salidas de dinero para evitar sorpresas desagradables como no poder pagar a un proveedor o no tener liquidez suficiente para afrontar una nómina.

3.1.1 Finalidad y características

Antes de entrar en los aspectos técnicos de su elaboración, conviene detenerse en los **objetivos y rasgos principales** que definen al presupuesto de tesorería.

Objetivos del presupuesto de tesorería

- ► **Previsión de flujos de efectivo**: anticipar los momentos en que se producirán cobros (clientes, subvenciones, préstamos) y pagos (proveedores, impuestos, salarios).

- ► **Control de liquidez**: garantizar que la empresa dispone en todo momento de dinero suficiente para hacer frente a sus obligaciones.

- ► **Apoyo a la toma de decisiones**: aportar información útil para decidir si conviene solicitar financiación, aplazar pagos, reforzar las políticas de cobro o invertir excedentes de tesorería.

Características principales

- ► **Periodicidad**: se puede elaborar de forma mensual, trimestral o anual, en función del nivel de detalle que se desee. Las pequeñas empresas suelen preferir la planificación mensual, mientras que las grandes organizaciones combinan presupuestos trimestrales y anuales.

- ▼ **Flexibilidad**: debe ser un documento vivo, que se actualice a medida que cambian las circunstancias (un cliente retrasa un pago, se obtiene un nuevo contrato o surge un gasto imprevisto).

- ▼ **Capacidad de adaptación**: el presupuesto debe ajustarse a las peculiaridades de la empresa, considerando factores como la estacionalidad en ventas o los ciclos de producción.

Relación con otros presupuestos de la empresa

El presupuesto de tesorería no se elabora de manera aislada. Se nutre de información procedente de otros presupuestos:

- ▼ **Presupuesto de ventas**: determina la previsión de ingresos por clientes.

- ▼ **Presupuesto de compras**: marca los pagos previstos a proveedores.

- ▼ **Presupuesto de gastos financieros**: refleja los intereses y amortizaciones de préstamos.

Ventajas frente a la improvisación

- ▼ Permite anticipar problemas de liquidez y adoptar medidas preventivas.

- ▼ Facilita una gestión más eficiente de los recursos, evitando sobregiros bancarios y comisiones innecesarias.

- ▼ Proporciona una visión clara del ciclo financiero de la empresa, lo que genera confianza en socios, bancos y proveedores.

▌ EJEMPLO

Imaginemos una empresa que espera cobrar 50.000 € en ventas durante el mes de abril, pero que debe afrontar pagos a proveedores por 60.000 €. Si no elabora un presupuesto de tesorería, puede descubrir el problema demasiado tarde, viéndose obligada a solicitar un crédito de urgencia con costes elevados. En cambio, si la situación se anticipa mediante el presupuesto, podrá negociar plazos de pago, adelantar cobros o buscar financiación en condiciones más ventajosas.

3.1.2 Elaboración y aprobación

El proceso de elaboración del presupuesto de tesorería exige un trabajo ordenado y meticuloso, ya que no se trata simplemente de hacer una lista de ingresos y gastos, sino de organizar cronológicamente los cobros y pagos previstos para conocer el saldo de liquidez en cada momento.

En las empresas, este documento no solo es un instrumento de control interno, sino también un soporte de comunicación hacia la dirección o los socios, que necesitan información clara y fiable para tomar decisiones financieras. Por ello, el presupuesto debe seguir un procedimiento que garantice su exactitud y, al mismo tiempo, su utilidad práctica.

Fases en la elaboración del presupuesto de tesorería

1. **Recopilación de información**

   - Se deben recoger todos los datos previsibles de cobros y pagos.

   - Las fuentes principales son los presupuestos de ventas, compras, gastos de personal, inversiones y financiación.

   - También se incluyen gastos fijos como alquileres, suministros, seguros o impuestos.

2. **Clasificación de operaciones**

   - Es conveniente separar los **ingresos ordinarios** (ventas, servicios) de los **ingresos extraordinarios** (subvenciones, devoluciones fiscales).

   - Lo mismo ocurre con los pagos: **gastos corrientes** (proveedores, suministros) y **pagos financieros o extraordinarios** (amortización de préstamos, inversiones).

3. **Organización cronológica**

   - No basta con saber la cantidad, también importa la **fecha exacta** en que se espera el cobro o el pago.

   - Un ingreso previsto en mayo no resuelve una necesidad de liquidez en abril.

4. **Cálculo del saldo acumulado**

- Se parte de un **saldo inicial** en caja o bancos.

- Se van sumando los cobros y restando los pagos de cada período.

- El resultado permite prever superávits o déficits de tesorería.

5. **Revisión y aprobación**

- El borrador debe revisarse para verificar que las cifras son coherentes y que no se han omitido conceptos.

- Finalmente, el presupuesto se aprueba por la dirección financiera o la gerencia.

6. **Seguimiento y actualización**

- El presupuesto no es un documento estático: debe revisarse periódicamente, contrastando lo previsto con lo realmente ocurrido.

- Las desviaciones sirven para ajustar previsiones futuras y mejorar la fiabilidad del documento.

EJEMPLO DE CLASIFICACIÓN DE COBROS Y PAGOS PREVISTOS

Tipo de operación	Conceptos principales
Cobros ordinarios	Ventas al contado, cobros de clientes, ingresos por servicios
Cobros extraordinarios	Subvenciones, indemnizaciones, devolución de impuestos
Pagos corrientes	Proveedores, alquiler, suministros, nóminas
Pagos financieros	Intereses de préstamos, amortizaciones, leasing
Pagos extraordinarios	Inversiones en maquinaria, compra de inmuebles

▌ EJEMPLO DE PRESUPUESTO DE TESORERÍA MENSUAL

Concepto	Abril (€)	Mayo (€)	Junio (€)	Total trimestre (€)
Saldo inicial	10.000	8.000	6.500	-
Cobros previstos	20.000	22.000	18.000	60.000
Pagos previstos	22.000	23.500	17.000	62.500
Saldo neto del mes	-2.000	-1.500	+1.000	-2.500
Saldo acumulado final	8.000	6.500	7.500	7.500

Interpretación del Ejemplo

▼ En abril y mayo se producen déficits mensuales (-2.000 y -1.500 €).

▼ Sin embargo, gracias al saldo inicial disponible, la empresa no entra en números rojos.

▼ En junio se compensa parcialmente con un superávit de 1.000 €, alcanzando un saldo acumulado positivo de 7.500 €.

Ventajas de contar con un presupuesto aprobado

▼ Permite anticipar necesidades de financiación antes de que el problema sea urgente.

▼ Favorece la negociación con proveedores y bancos, ya que se dispone de datos concretos.

▼ Sirve como herramienta de control interno, ya que cada responsable conoce el margen de tesorería con el que cuenta.

▼ Facilita la evaluación de proyectos de inversión, al comprobar si la liquidez es suficiente para afrontarlos.

3.2 LIBRO DE CAJA

El libro de caja es uno de los instrumentos más básicos y, al mismo tiempo, más importantes dentro del control de tesorería. Se trata de un documento en el que se registran todas las operaciones de entrada y salida de dinero en efectivo que realiza la empresa. Dicho de otro modo: cada vez que entra un billete o una moneda en la caja, o cada vez que sale dinero para pagar algo, esa operación debe quedar reflejada en el libro de caja.

Aunque pueda parecer un registro sencillo, su importancia es enorme. El dinero en metálico es el recurso más sensible de la empresa: es inmediato, no necesita trámites bancarios, y a la vez es el más vulnerable, ya que está expuesto a errores, olvidos o incluso pérdidas y fraudes. Por eso, el libro de caja cumple una doble función: administrativa (llevar un registro contable) y de control interno (verificar que el dinero registrado coincide con el dinero realmente disponible).

Podemos comparar el libro de caja con el hábito de una familia que anota en una libreta el dinero que tiene en la cartera, cuánto gasta en el supermercado y cuánto recibe, por ejemplo, si un amigo le devuelve un préstamo. Al final del día, esa libreta debe coincidir con lo que queda en la cartera. La lógica es exactamente la misma, solo que en la empresa las cantidades suelen ser mayores y los procedimientos más formales.

3.2.1 Arqueo de caja

El arqueo de caja es la verificación física del dinero existente en caja para comprobar que coincide con el saldo registrado en el libro de caja.

Se trata de un procedimiento de control esencial que permite detectar errores o irregularidades. En realidad, es una práctica tan simple como contar el dinero, pero detrás de ella hay una gran importancia: si el arqueo no coincide con el libro, significa que algo no se ha hecho bien.

Finalidad del arqueo

- ▶ **Controlar la gestión del efectivo**: asegura que el dinero ha sido registrado correctamente.

- ▶ **Detectar errores a tiempo**: un descuadre puede deberse a un simple olvido o a un error de cálculo.

- ▶ **Prevenir fraudes**: al comprobar periódicamente la caja, se dificulta la posibilidad de que se manipulen fondos.

- ▶ **Generar confianza**: tanto los responsables de la empresa como los auditores externos encuentran en el arqueo una prueba de transparencia.

Frecuencia del arqueo

- ▶ **Diario**: recomendable en negocios con gran volumen de operaciones en efectivo (supermercados, hostelería).

- ▶ **Semanal o mensual**: suficiente en empresas con poco manejo de efectivo.

- ▶ **Cambio de responsable**: obligatorio cada vez que una persona diferente se hace cargo de la caja, para que no existan dudas sobre posibles descuadres.

Procedimiento del arqueo

1. Se cuentan billetes y monedas por separado.

2. Se agrupan por denominaciones para evitar errores.

3. Se suma el total.

4. Se compara con el saldo del libro de caja.

5. Se registra el resultado en un acta o formulario de arqueo.

EJEMPLO DE ARQUEO DE CAJA

Denominación	Cantidad	Total (€)
Billetes de 50 €	10	500
Billetes de 20 €	15	300
Billetes de 10 €	20	200
Monedas	-	100
Total efectivo en caja	-	**1.100**

Si el libro de caja muestra un saldo de 1.100 €, el arqueo está cuadrado. Si muestra 1.120 €, existe una diferencia de -20 € que debe investigarse.

3.2.2 Punteo y cuadre contable

El punteo consiste en revisar uno a uno los movimientos registrados en el libro de caja para comprobar que todos tienen un documento justificativo. Cada cobro debe estar respaldado por un recibo o factura, y cada pago debe contar con su comprobante correspondiente.

Este paso es fundamental porque, sin justificación documental, no hay forma de demostrar la legitimidad de la operación. En una auditoría, por ejemplo, el inspector pedirá ver los justificantes de los movimientos de caja, y si alguno falta, puede considerarse una irregularidad.

Por otro lado, el cuadre contable es el cálculo que confirma que los números son correctos. Se basa en la siguiente fórmula:

Elemento	Descripción	Ejemplo (€)
Saldo inicial	Dinero en efectivo existente al comienzo del día o periodo.	500
+ Entradas	Todos los cobros recibidos en efectivo (ventas, devoluciones, anticipos).	+1.200
– Salidas	Todos los pagos realizados en efectivo (compras, gastos, devoluciones).	-700
= Saldo final	Dinero que debería existir en caja al finalizar el día o periodo.	**1.000**

Tabla 3.1. Cuadro: fórmula del cuadre de caja

Interpretación

La fórmula **Saldo inicial + Entradas – Salidas = Saldo final** permite comprobar si el dinero que aparece en el libro de caja coincide con el dinero físico contado en el arqueo. Si existe alguna diferencia, debe investigarse y justificarse.

Si el saldo final calculado coincide con el saldo físico del arqueo, la caja está correctamente cuadrada.

EJEMPLO DE CUADRE CONTABLE

Concepto	Importe (€)
Saldo inicial	500
Entradas (cobros)	+1.200
Salidas (pagos)	-700
Saldo final esperado	**1.000**

Si en el arqueo se cuentan efectivamente 1.000 €, la caja está cuadrada. Si en lugar de 1.000 € aparecen 995 €, existe una diferencia negativa de -5 € que debe ser aclarada.

3.2.3 Identificación de diferencias

Las diferencias en caja son una de las señales más claras de que algo no está funcionando bien en el control de tesorería. No siempre implican fraude: muchas veces se deben a simples errores humanos. Sin embargo, incluso un pequeño descuadre merece ser investigado, ya que si se acumulan diferencias pequeñas, el resultado puede ser grave a medio plazo.

Tipos de diferencias

- **Errores de registro**: se olvidó anotar una operación o se anotó con importe incorrecto.

- **Errores de cálculo**: sumas o restas mal realizadas en el libro.

- **Gastos sin justificante**: alguien retiró dinero para un gasto menor y no aportó recibo.

- **Fraudes o pérdidas**: extravío de dinero o sustracción indebida.

Actuación ante diferencias

1. Revisar todos los movimientos del periodo.

2. Contrastar los justificantes de pagos y cobros.

3. Elaborar un informe interno que deje constancia de la diferencia.

4. Realizar un asiento contable de ajuste, si es necesario.

5. Adoptar medidas preventivas (más controles, cambios en la custodia del dinero, etc.).

Causa	Ejemplo	Solución posible
Error de registro	Se olvidó registrar un pago de 50 €	Añadir el movimiento omitido
Error de cálculo	Se sumaron mal las salidas	Corregir la operación
Gasto sin justificante	Se usaron 20 € para un taxi	Solicitar justificante y registrar
Fraude o pérdida	Faltan 100 € sin explicación	Investigación y medidas correctivas

Tabla 3.2. Cuadro de causas y soluciones de diferencias en caja

Diferencia entre libro de caja y otros registros

El libro de caja, aunque esencial, no debe confundirse con otros documentos de control de tesorería.

Aspecto	Libro de caja	Libro de bancos	Presupuesto de tesorería
Objeto de control	Dinero en efectivo	Movimientos en cuentas corrientes	Flujos previstos de cobros/pagos
Horizonte temporal	Diario	Diario o mensual	Corto plazo (mes, trimestre, año)
Base de cálculo	Entradas y salidas reales	Movimientos bancarios	Previsiones futuras
Finalidad	Control de efectivo	Conciliación con extractos bancarios	Planificación de liquidez

Tabla 3.3. Comparativa

El libro de caja es un registro diario y práctico que permite llevar un control del dinero en metálico disponible en la empresa. Su correcta utilización, acompañada de arqueos periódicos, punteo de justificantes y análisis de diferencias, garantiza la transparencia en la gestión de fondos y fortalece el control interno.

Al ser un instrumento sencillo y directo, es especialmente útil para pequeñas y medianas empresas, aunque su valor se mantiene en cualquier organización. Cuando el libro de caja se combina con el libro de bancos y el presupuesto de tesorería, se logra un sistema de control integral que reduce riesgos y facilita la toma de decisiones financieras.

3.3 LIBRO DE BANCOS

El **libro de bancos** es un registro contable en el que se anotan todas las operaciones que afectan a las cuentas corrientes de la empresa en las entidades financieras. Se trata, en cierto modo, del equivalente al **libro de caja**, pero en lugar de controlar el dinero en efectivo, controla el dinero que la empresa tiene depositado en los bancos.

En la práctica, casi todas las operaciones empresariales terminan pasando por las cuentas bancarias: cobros de clientes mediante transferencias o cheques, pagos a proveedores, domiciliaciones de recibos, nóminas, liquidaciones de impuestos, entre otras. Por este motivo, llevar al día el libro de bancos es imprescindible para conocer la verdadera liquidez disponible.

A diferencia del extracto bancario, que proporciona el banco de forma periódica, el libro de bancos es un documento interno de la empresa. La clave está en que ambos (extracto y libro) deben coincidir, y para ello se utiliza un proceso fundamental: la conciliación bancaria.

Idea clave

El libro de bancos no es solo un registro administrativo, sino una herramienta de control que asegura que los saldos contables reflejan fielmente los saldos reales en las cuentas bancarias.

3.3.1 Finalidad y procedimiento

El libro de bancos cumple varias finalidades que lo convierten en un elemento esencial dentro del control de tesorería:

- **Controlar la liquidez bancaria**: permite conocer en todo momento cuánto dinero hay disponible en las cuentas de la empresa.

- **Organizar operaciones**: facilita el registro cronológico de los movimientos (ingresos y pagos).

- **Evitar errores**: detecta rápidamente si existe algún movimiento contabilizado de forma incorrecta.

- **Preparar la conciliación bancaria**: sirve como base para comparar la contabilidad de la empresa con los extractos del banco.

Procedimiento para su registro

1. **Apertura del libro**: se inicia con el saldo existente en la cuenta bancaria al comienzo del periodo.

2. **Anotación de cobros**: se registran todos los ingresos (transferencias de clientes, préstamos recibidos, abonos de devoluciones).

3. **Anotación de pagos**: se registran las salidas de dinero (transferencias a proveedores, pagos de nóminas, impuestos, comisiones bancarias).

4. **Actualización del saldo**: tras cada movimiento se recalcula el saldo disponible.

5. **Revisión periódica**: se compara con el extracto bancario para comprobar coincidencias.

EJEMPLO DE LIBRO DE BANCOS (EXTRACTO SIMPLIFICADO)

Fecha	Concepto	Cargo (€)	Abono (€)	Saldo (€)
01/05/2025	Saldo inicial			2.000
02/05/2025	Cobro cliente		1.500	3.500
03/05/2025	Pago proveedor	1.200		2.300
04/05/2025	Nóminas	1.000		1.300
05/05/2025	Transferencia recibida		2.000	3.300

Interpretación

El saldo disponible tras los movimientos registrados es de 3.300 €, cifra que debe coincidir con el extracto bancario (o explicarse las diferencias).

3.3.2 Conciliación con contabilidad

La conciliación bancaria es el procedimiento mediante el cual se comparan los saldos que figuran en el libro de bancos con los que aparecen en los extractos emitidos por la entidad financiera.

Es importante entender que no siempre coinciden en un primer momento, ya que pueden existir operaciones en tránsito o movimientos aún no registrados. Por ejemplo:

▸ La empresa puede haber emitido un cheque, pero hasta que el proveedor lo cobre, el banco no lo registra.

▸ Puede recibirse una transferencia que todavía no aparece en la contabilidad porque se ha notificado con retraso.

Finalidad de la conciliación

▼ Garantizar que los registros internos reflejan fielmente la realidad bancaria.

▼ Detectar errores contables o bancarios.

▼ Identificar operaciones pendientes o en tránsito.

▼ Generar confianza en la información financiera presentada.

Pasos para realizar una conciliación bancaria

1. Comparar el **saldo contable** con el **saldo del extracto bancario**.

2. Identificar las diferencias.

3. Clasificar las diferencias en dos tipos:

   • **Temporales**: operaciones aún no reflejadas (cheques emitidos, transferencias en tránsito).

   • **Errores**: equivocaciones en los registros de la empresa o del banco.

4. Ajustar los registros contables cuando proceda.

5. Elaborar un informe de conciliación que deje constancia del proceso.

EJEMPLO DE CONCILIACIÓN BANCARIA

Concepto	Importe (€)
Saldo contable (libro de bancos)	1.300
+ Transferencia en tránsito	+500
− Cheques emitidos no cobrados	-200
Saldo conciliado con banco	**1.600**

Interpretación

Aunque el libro de bancos muestra 1.300 €, al considerar operaciones pendientes se llega a un saldo conciliado de 1.600 €, que coincide con el extracto bancario.

Diferencia entre libro de caja y libro de bancos

Aunque ambos registros cumplen funciones similares, controlando entradas y salidas de dinero, hay una diferencia esencial:

Aspecto	Libro de caja	Libro de bancos
Tipo de dinero controlado	Efectivo (billetes y monedas)	Dinero en cuentas bancarias
Frecuencia de uso	Negocios con cobros/pagos en metálico	Todas las empresas, independientemente del volumen de efectivo
Fuente de verificación	Arqueo físico de caja	Extracto bancario
Riesgo principal	Errores en conteo o fraudes en efectivo	Desfase temporal con operaciones en tránsito

Tabla 3.4. Cuadro comparativo

El libro de bancos es una herramienta fundamental en la gestión de tesorería. Permite controlar de forma clara los movimientos bancarios, calcular el saldo disponible y, sobre todo, realizar la conciliación con los extractos que emiten las entidades financieras.

Gracias a él, la empresa puede detectar errores, anticipar problemas de liquidez y tener la seguridad de que su información contable refleja la realidad. Junto con el libro de caja y el presupuesto de tesorería, constituye uno de los pilares básicos para un sistema de control financiero fiable y transparente.

3.4 CASO PRÁCTICO

Presupuesto de tesorería

La empresa **ALFA, S.L.** elabora un presupuesto de tesorería trimestral (abril-junio). Los datos estimados son los siguientes:

Concepto	Abril	Mayo	Junio
Saldo inicial	8.000	6.000	4.500
Cobros previstos	20.000	18.000	22.000
Pagos previstos	22.000	19.500	17.000
Saldo final	?	?	?

Tabla 3.5. Presupuesto trimestral de tesorería (en €)

Preguntas

Pregunta 1. ¿Cuál es el saldo final previsto en abril?

a) 4.500 €

b) 6.000 €

c) 7.500 €

d) 8.000 €

Pregunta 2. ¿Qué saldo inicial tendrá mayo?

a) 4.500 €

b) 6.000 €

c) 7.500 €

d) 8.500 €

Pregunta 3. ¿Cuál es el saldo final previsto en mayo?

a) 4.500 €

b) 6.000 €

c) 7.500 €

d) 8.000 €

Pregunta 4. ¿En qué mes se produce un **superávit** de tesorería (saldo neto positivo)?

a) Abril

b) Mayo

c) Junio

d) Ninguno

Pregunta 5. ¿Cuál será el saldo acumulado final al cierre de junio?

a) 7.500 €

b) 8.000 €

c) 9.500 €

d) 10.000 €

Resolución paso a paso

Fórmula básica:
Saldo final = Saldo inicial + Cobros – Pagos

Abril
Saldo final = 8.000 + 20.000 – 22.000 = **6.000 €**

Mayo
Saldo inicial = 6.000 (saldo final de abril)
Saldo final = 6.000 + 18.000 – 19.500 = **4.500 € Junio**
Saldo inicial = 4.500 (saldo final de mayo)
Saldo final = 4.500 + 22.000 – 17.000 = **9.500 €**

Concepto	Abril	Mayo	Junio
Saldo inicial	8.000	6.000	4.500
Cobros previstos	20.000	18.000	22.000
Pagos previstos	22.000	19.500	17.000
Saldo final	6.000	4.500	9.500

Tabla 3.6. Tabla completada

Respuestas correctas

1. b) 6.000 €

2. b) 6.000 €

3. a) 4.500 €

4. c) Junio

5. c) 9.500 €

3.5 CUESTIONARIO

1. **El presupuesto de tesorería tiene como finalidad principal:**
   a) Calcular la rentabilidad de los productos vendidos.
   b) Prever cobros y pagos para anticipar la liquidez disponible.
   c) Determinar el margen comercial de la empresa.
   d) Sustituir al presupuesto de ventas y compras.

2. **Una característica clave del presupuesto de tesorería es:**
   a) Es un documento estático que no se modifica.
   b) Solo puede elaborarse de forma anual.
   c) Es flexible y debe actualizarse ante cambios reales.
   d) No mantiene relación con otros presupuestos.

3. **¿Cuál de las siguientes fuentes alimenta el presupuesto de tesorería?**
   a) Presupuesto de ventas, compras y gastos financieros.
   b) Exclusivamente el presupuesto de inversiones.
   c) Únicamente el estado de pérdidas y ganancias.
   d) Solo el libro diario.

4. **En el ciclo de elaboración del presupuesto, ¿qué fase permite detectar déficits o superávits de liquidez?**
   a) Clasificación de operaciones.
   b) Cálculo del saldo acumulado por periodos.
   c) Recopilación de información.
   d) Revisión documental de facturas.

5. **El libro de caja registra:**
   a) Únicamente transferencias bancarias.
   b) Entradas y salidas de efectivo en metálico.
   c) Solo cobros por ventas a crédito.
   d) Operaciones de bancos y tarjeta.

6. El arqueo de caja consiste en:

a) Comparar el saldo del banco con la contabilidad.

b) Verificar físicamente el efectivo y confrontarlo con el libro de caja.

c) Revisar facturas emitidas y recibidas.

d) Calcular el coste de comisiones bancarias.

7. El cuadre de caja se comprueba con la fórmula:

a) Saldo final = Saldo inicial − Entradas + Salidas.

b) Saldo final = Saldo inicial + Entradas − Salidas.

c) Saldo final = Entradas − Salidas.

d) Saldo final = Salidas − Entradas.

8. El libro de bancos se diferencia del extracto bancario porque:

a) Es un documento interno que debe conciliarse con el extracto.

b) Lo emite la entidad financiera mensualmente.

c) Solo incluye movimientos de caja chica.

d) No requiere conciliación.

9. La conciliación bancaria persigue:

a) Ajustar los precios de venta a la competencia.

b) Comprobar que el libro de bancos refleja la realidad del extracto, identificando operaciones en tránsito y errores.

c) Sustituir el presupuesto de tesorería.

d) Calcular intereses por descubiertos.

10. ¿Cuál es un ejemplo de diferencia temporal en conciliación bancaria?

a) Error aritmético en la suma de cargos en contabilidad.

b) Cheque emitido por la empresa aún no presentado al cobro.

c) Comisión bancaria no contabilizada.

d) Registro duplicado de una transferencia.

Respuestas correctas

1. b

2. c

3. a

4. b

5. b

6. b

7. b

8. a

9. b

10. b

4

Operaciones de cálculo financiero y comercial

En el ámbito empresarial y financiero, una parte esencial de la gestión de tesorería es la correcta aplicación de los métodos de cálculo financiero y comercial. Estas operaciones permiten cuantificar el coste de los préstamos, la rentabilidad de las inversiones, el valor de los efectos comerciales o el impacto de las comisiones bancarias. Sin este conocimiento, sería imposible evaluar con precisión la liquidez de la empresa, tomar decisiones de financiación o establecer comparaciones entre diferentes alternativas de inversión.

El cálculo financiero constituye una herramienta básica de análisis que se apoya en las matemáticas aplicadas al dinero. No se trata solo de realizar operaciones aritméticas, sino de comprender qué representan los resultados obtenidos y cómo influyen en la toma de decisiones de la empresa. Una correcta interpretación de los conceptos de capital, interés, descuento o comisión bancaria garantiza la transparencia de la información financiera y refuerza la capacidad de negociación frente a entidades de crédito y proveedores.

A lo largo de este capítulo se abordarán los principales instrumentos de cálculo financiero utilizados en la práctica cotidiana:

- ▶ El **interés simple**, que se aplica en operaciones de corto plazo y permite calcular de manera lineal el coste o la rentabilidad de un capital.

- El **interés compuesto**, base del sistema financiero moderno, que refleja el efecto acumulativo de los intereses y su impacto en operaciones a medio y largo plazo.

- El **descuento simple**, tanto comercial como racional, empleado en el tratamiento de efectos comerciales como letras de cambio y pagarés.

- Las **cuentas corrientes y de crédito**, donde se analizarán sus movimientos, la liquidación periódica y el cálculo de intereses.

- Finalmente, el **cálculo de comisiones bancarias**, un aspecto imprescindible para determinar el coste efectivo de los servicios financieros y mejorar la comparabilidad entre entidades.

Cada apartado se desarrollará con un enfoque **técnico y didáctico**, incorporando:

- Definiciones claras y sencillas.

- Fórmulas matemáticas explicadas paso a paso.

- Ejemplos numéricos resueltos que ilustran la aplicación práctica.

- Tablas comparativas y cuadros explicativos para facilitar la comprensión.

- Actividades de autoevaluación al final de cada bloque, que permitirán al estudiante comprobar si ha asimilado los conceptos.

El objetivo es que el lector adquiera no solo la capacidad de resolver cálculos financieros, sino también la competencia de interpretarlos y utilizarlos como apoyo en la toma de decisiones económicas dentro de la empresa.

4.1 INTERÉS SIMPLE

En el ámbito financiero, el interés se entiende como el precio del dinero: la compensación que una persona o entidad debe pagar por utilizar un capital durante un periodo de tiempo determinado, o bien la rentabilidad que obtiene al cederlo.

Comprender cómo se calculan los intereses es esencial para la gestión de la tesorería, ya que la mayoría de las operaciones financieras y comerciales (préstamos, depósitos, créditos documentarios, inversiones temporales, etc.) están asociadas a un coste o rendimiento que se mide en términos de interés.

4.1.1 Concepto de capital, tipo de interés y tiempo

El cálculo de intereses se basa en tres elementos fundamentales:

▼ Capital (C):

Es la cantidad de dinero prestada, invertida o utilizada en una operación financiera.

▼ Tipo de interés (i):

Representa el precio del dinero. Se expresa normalmente en porcentaje (%) o en tanto unitario (ejemplo: 5% = 0,05).

▼ Tiempo (t):

Duración de la operación, expresada en años o fracciones de año (meses o días).

▼ En este apartado se estudiará el interés simple, que constituye el modelo más básico y directo de cálculo financiero. Aunque en la práctica empresarial se utilizan con más frecuencia los cálculos con interés compuesto, el interés simple sigue siendo de gran utilidad en operaciones de corto plazo, ya que ofrece resultados claros, rápidos y fáciles de comprobar.

▌ **EJEMPLO**

Si una persona pide prestados 10.000 € a un tipo del 6% anual durante un año, el capital es 10.000 €, el tipo de interés es 6% (0,06) y el tiempo es 1 año.

Expresión de tiempo	Equivalencia en años (t)
12 meses	1 año
6 meses	0,5 años
90 días (base 360)	0,25 años
180 días (base 360)	0,5 años

Tabla 4.1. Cuadro aclaratorio: correspondencia de unidades

4.1.2 Ley de capitalización simple

La ley del interés simple establece que los intereses generados son directamente proporcionales al capital inicial, al tipo de interés aplicado y al tiempo de duración de la operación.

Fórmula general:

$$I = C \cdot i \cdot t$$

Donde:

- ▼ **I**: interés generado.
- ▼ **C**: capital inicial.
- ▼ **i**: tipo de interés (en tanto unitario).
- ▼ **t**: tiempo de la operación (en años o fracciones de año).

Esto significa que si alguno de los tres elementos se duplica, el interés se duplicará también, manteniéndose la proporcionalidad.

4.1.3 Fórmula general del interés simple

En operaciones a interés simple, el capital final o montarte (M) se obtiene sumando el capital inicial (C) y el interés generado (I):

$$M = C + I$$

Si sustituimos el valor de I, la fórmula directa del montante es:

$$M = C \cdot (1 + i \cdot t)$$

Fórmula	Explicación
$I = C \cdot i \cdot t$	El interés se calcula multiplicando el capital por el tipo de interés y el tiempo.
$M = C + I$	El montante es la suma del capital inicial y el interés.
$M = C \cdot (1 + i \cdot t)$	Fórmula directa para calcular el capital final.

Tabla 4.2. Cuadro resumen

En interés simple, el capital crece de manera lineal con el tiempo, a diferencia del interés compuesto, donde el crecimiento es exponencial.

4.1.4 Cálculo del capital final

El cálculo del capital final constituye una de las operaciones más relevantes en el ámbito de las matemáticas financieras y de la gestión de tesorería. Este concepto hace referencia al valor que alcanza una inversión o préstamo al finalizar un periodo determinado, teniendo en cuenta tanto el capital inicial como los intereses generados durante dicho tiempo.

En términos prácticos, conocer el capital final permite a las empresas y a los particulares evaluar la rentabilidad de sus inversiones, planificar necesidades de liquidez futuras o estimar los costes reales de un préstamo. Su aplicación es amplia y se encuentra en operaciones tan cotidianas como un depósito bancario, un préstamo comercial, la compra de bonos o la planificación del ahorro personal.

El cálculo puede realizarse bajo diferentes métodos según la naturaleza de la operación:

- ▸ **Interés simple**, donde los intereses se calculan únicamente sobre el capital inicial.

▼ **Interés compuesto**, en el que los intereses generados en cada periodo se acumulan al capital, generando nuevos intereses en los siguientes plazos.

Dominar esta técnica ro solo es esencial desde el puntc de vista académico, sino también en la práctica profesional, ya que constituye la base para la toma de decisiones financieras informadas y la comparación entre distintas alternativas de inversión o financiación.

EJEMPLO

Un inversor deposita 5.000 € durante 3 años a un 4% anual.

1. Identificamos los datos:
   - C = 5.000 €
   - i = 0,04
   - t = 3 años
2. Fórmula:

$$M = C \cdot (1 + i \cdot t)$$

3. Sustitución:

$$M = 5.000 \cdot (1 + 0,04 \cdot 3)$$

4. Operación:

$$M = 5.000 \cdot 1,12 = 5.600€$$

Resultado: El capital final asciende a 5.600 €, de los cuales 600 € son intereses.

4.1.5 Cálculo del interés en un periodo inferior al año

En la práctica financiera, no todas las operaciones de inversión o financiación se desarrollan a lo largo de un año completo. Es muy común que los plazos se expresen en meses, semanas o incluso en días, lo que obliga a calcular el interés proporcional al tiempo transcurrido.

El **interés en un periodo inferior al año** refleja la ganancia o el coste generado por un capital cuando el tiempo de aplicación es menor a 12 meses. Para su cálculo es necesario ajustar la fórmula del interés simple o compuesto a la fracción de año correspondiente, considerando las convenciones de cómputo del tiempo utilizadas habitualmente en el sector financiero (años de 360 o 365 días, según normativa y contrato).

Este procedimiento resulta esencial en operaciones como:

▼ Préstamos o créditos con vencimientos a corto plazo.

▼ Inversiones en depósitos a plazo inferior a un año.

▼ Descuentos comerciales de efectos con vencimiento en días o semanas.

Calcular correctamente los intereses en estos casos garantiza la transparencia de la operación, facilita la comparación entre diferentes alternativas financieras y asegura el cumplimiento de las obligaciones contables y fiscales.

EJEMPLO

Préstamo de 12.000 € al 5% anual durante 9 meses.

1. Convertimos tiempo:

$$t = \frac{9}{12} = 0,75$$

2. Fórmula:

$$I = C \cdot i \cdot t$$

3. Sustitución:

$$I = 12.000 \cdot 0,05 \cdot 0,75 = 450€$$

Resultado: el préstamo genera 450 € de intereses en 9 meses.

4.1.6 Determinación de cualquiera de las variables

La fórmula del interés simple se puede despejar para calcular cualquiera de las tres variables principales.

Variable a hallar	Fórmula	Ejemplo
Capital (C)	$C = \frac{I}{i \cdot t}$	I = 900 €, i = 6% (0,06), t = 2 años → C = 900 / 0,12 = 7.500 €
Tipo de interés (i)	$i = \frac{I}{C \cdot t}$	C = 12.000 €, t = 0,75 años, I = 450 € → i = 450 / 9.000 = 0,05 = 5%
Tiempo (t)	$t = \frac{I}{C \cdot i}$	C = 4.000 €, i = 3% (0,03), I = 60 € → t = 60 / 120 = 0,5 años = 6 meses

Tabla 4.3. Cuadro de fórmulas despejadas

Recomendaciones didácticas

- Mantener la coherencia de las unidades (años ↔ meses ↔ días).
- Especificar si el cálculo de días se hace sobre base comercial (360) o natural (365).
- Comprobar el resultado sustituyendo en la fórmula original.

4.1.7 Aplicaciones prácticas en operaciones comerciales

El interés simple se utiliza principalmente en operaciones de corto plazo, donde el tiempo es reducido y no resulta relevante acumular intereses sobre intereses.

Situación	Aplicación del interés simple
Préstamos comerciales	Operaciones inferiores a un año
Créditos documentarios	Financiación en operaciones internacionales
Intereses de demora	Recargos por facturas vencidas
Inversiones temporales	Colocación de excedentes de tesorería a corto plazo

4.1.8 Ejemplos resueltos

▎ EJEMPLO 1: PAGARÉ

Un pagaré de 4.000 € al 3% durante 180 días.

1. Tiempo en años:

$$t = \frac{180}{360} = 0,5$$

2. Interés:

$$I = 4.000 \cdot 0,03 \cdot 0,5 = 60€$$

▎ EJEMPLO 2: PRÉSTAMO

Un capital de 2.500 € al 8% anual durante 4 meses.

1. Tiempo en años:

$$t = \frac{4}{12} = 0,33$$

2. Interés:

$$I = 2.500 \cdot 0,08 \cdot 0,33 = 66,67€$$

3. Montante:

$$M = 2.500 + 66,67 = 2.566,67€$$

El interés simple es un recurso de cálculo rápido, directo y muy útil para operaciones financieras a corto plazo. Su sencillez lo convierte en la mejor herramienta para introducirse en el mundo de las matemáticas financieras y comprender la relación entre capital, interés y tiempo antes de pasar a cálculos más complejos como el interés compuesto.

4.1.9 Actividades de autoevaluación (resueltas)

EJERCICIO 1

Enunciado: calcular el interés que genera un préstamo de **15.000 €** al **6 % anual** durante **270 días**.

Paso	Explicación	Cálculo	Resultado
1	Convertimos días a años (base 360)	$t = \frac{270}{360}$	0,75 años
2	Fórmula del interés simple	$I = C \times i \times t$	—
3	Sustituimos valores	$I = 15.000 \times 0,06 \times 0,75$	—
4	Operación final	—	675 €

Resultado: El interés generado es **675 €**.

EJERCICIO 2

Enunciado: ¿cuál será el montante de una inversión de **8.000 €** al **4,5 % anual** durante **2,5 años** en régimen de interés simple?

Paso	Explicación	Cálculo	Resultado
1	Fórmula del montante	$M = C \times (1 + i \times t)$	—
2	Sustituimos valores	$M = 8.000 \times (1 + 0,045 \times 2,5)$	—
3	Operación intermedia	$M = 8.000 \times (1 + 0,1125) = 8.000 \times 1,1125$	—
4	Operación final	—	8.900 €

Resultado: el montante final es **8.900 €**, de los cuales **900 €** corresponden a intereses.

EJERCICIO 3

Enunciado: un capital produce **1.200 €** de intereses en **3 años** al **5 % simple**. ¿Cuál fue el capital inicial?

Paso	Explicación	Cálculo	Resultado
1	Fórmula despejada del capital	$C = \frac{I}{i \times t}$	—
2	Sustituimos valores	$C = \frac{1.200}{0,05 \times 3}$	—
3	Operación intermedia	$C = \frac{1.200}{0,15}$	—
4	Operación final	—	8.000 €

Resultado: el capital inicial fue **8.000 €**.

EJERCICIO 4

Enunciado: Una empresa financia una operación con 25.000 € durante 18 meses, generando 1.875 € de intereses. ¿Cuál fue el tipo de interés aplicado?

Paso	Explicación	Cálculo	Resultado
1	Convertimos meses a años	$t = \frac{18}{12} = 1,5$ años	1,5 años
2	Fórmula despejada del tipo de interés	$i = \frac{I}{C \times t}$	—
3	Sustituimos valores	$i = \frac{1.875}{25.000 \times 1,5}$	—
4	Operación intermedia	$i = \frac{1.875}{37.500}$	0,05
5	Conversión a porcentaje	—	5 % anual

Resultado: El tipo de interés aplicado fue **5 % anual**.

Conclusión

Estos ejercicios demuestran que el interés simple permite calcular cualquier variable (interés, montante, capital o tipo de interés) siempre que se conozcan los otros valores. El paso crítico es expresar el tiempo en años o fracción de año para mantener la coherencia con el tipo de interés anual.

4.2 APLICACIÓN DEL INTERÉS COMPUESTO EN OPERACIONES BÁSICAS DE TESORERÍA

El interés compuesto es el sistema de cálculo financiero más utilizado en la práctica bancaria y empresarial. Su diferencia principal con el interés simple es que los intereses se acumulan al capital en cada periodo y, por tanto, en los siguientes periodos generan también nuevos intereses.

Esto convierte al interés compuesto en un mecanismo de crecimiento exponencial del capital. Por ello se emplea en depósitos bancarios, préstamos, pólizas de crédito y prácticamente en todas las operaciones de tesorería a medio y largo plazo.

4.2.1 Interés compuesto: concepto

En este régimen, el capital evoluciona según la siguiente regla:

$$C_t = C_0 \cdot (1 + i)^n$$

$$C_t = C_0 \cdot (1 + i)^n$$

- C_0: capital inicial.
- C_t: capital final.
- i: tipo de interés por periodo.
- n: número de periodos.

Aspecto	Interés simple	Interés compuesto
Base de cálculo	Siempre el capital inicial	Capital inicial + intereses acumulados
Evolución	Lineal	Exponencial
Uso habitual	Operaciones a corto plazo	Medio y largo plazo
Intereses sobre intereses	No	Sí

Tabla 4.4. Cuadro explicativo: diferencias iniciales

4.2.2 Ley de capitalización compuesta

La ley de capitalización compuesta se expresa en dos fórmulas fundamentales:

1. **Capital final**:

$$C_t = C_0 \cdot (1 + i)^n$$

2. **Capital inicial**:

$$C_0 = \frac{C_t}{(1 + i)^n}$$

EJEMPLO

Un depósito de 10.000 € al 5% anual durante 3 años:

$$C_t = 10.000 \cdot (1 + 0,05)^3 = 11.576,25€$$

Los intereses generados son:

$$I = C_t - C_0 = 1.576,25€$$

4.2.3 Frecuencia de capitalización y tasas equivalentes

La capitalización no siempre es anual. Puede ser semestral, trimestral, mensual o incluso diaria.

Fórmula general:

$$C_t = C_0 \cdot \left(1 + \frac{j}{m}\right)^{n \cdot m}$$

j: tasa nominal anual.

m: número de capitalizaciones al año.

Cálculo de la tasa efectiva anual (TEA o TAE)

$$i_{ef} = \left(1 + \frac{j}{m}\right)^{m} - 1$$

Tasa nominal (j)	Capitalizaciones (m)	Fórmula TEA	Tasa efectiva anual
12%	1 (anual)	$(1 + 0,12/1)^1 - 1$	12,00%
12%	2 (semestral)	$(1 + 0,12/2)^2 - 1$	12,36%
12%	4 (trimestral)	$(1 + 0,12/4)^4 - 1$	12,55%
12%	12 (mensual)	$(1 + 0,12/12)^{12} - 1$	12,68%

Tabla 4.5. Cuadro comparativo: nominal vs efectiva

Esto demuestra que **a mayor frecuencia de capitalización, mayor es la rentabilidad efectiva**.

4.2.4 Interés compuesto con periodos fraccionarios

En operaciones no enteras, se aplican exponentes fraccionarios.

Fórmula:

$$C_t = C_0 \cdot (1 + i)^t$$

Donde **t** puede ser 2,5 años; 90/360 días, etc.

▍EJEMPLO

Un depósito de 5.000 € al 8% durante 2 años y 3 meses (2,25 años):

$$C_t = 5.000 \cdot (1 + 0,08)^{2,25} = 5.981,93€$$

4.2.5 Capitalización continua y fuerza de interés

Cuando la capitalización es **continua**, se usa el número **e** y la fuerza de interés **δ**:

$$C_t = C_0 \cdot e^{\delta t}$$

$$\delta = \ln(1 + i_{\text{ef}})$$

▍EJEMPLO

Capital de 10.000 € durante 5 años a una fuerza de interés de 0,06:

$$C_t = 10.000 \cdot e^{0,06 \cdot 5} = 13.499€$$

4.2.6 Equivalencia financiera bajo interés compuesto

Para comparar flujos en distintas fechas, se trasladan al mismo momento temporal.

EJEMPLO

¿Cuánto vale hoy un pago de 20.000 € dentro de 3 años al 6% anual compuesto?

$$C_0 = \frac{20.000}{(1 + 0,06)^3} = 16.816€$$

4.2.7 Aplicaciones prácticas en tesorería

▼ **Depósitos bancarios**: cálculo de la rentabilidad efectiva.

▼ **Préstamos**: cálculo del capital pendiente tras varios años.

▼ **Inversiones**: comparación de alternativas con distintos plazos y tasas.

EJEMPLO

Depósito de 50.000 € al 6% nominal semestral durante 4 años:

$$C_t = 50.000 \cdot \left(1 + \frac{0,06}{2}\right)^8 = 63.387€$$

Intereses generados: 13.337 €.

4.2.8 Errores frecuentes y buenas prácticas

Errores frecuentes

▼ Confundir tasa nominal con tasa efectiva.

▼ Olvidar ajustar el número de periodos.

▼ Aplicar fórmula de interés simple en lugar de compuesto.

Buenas prácticas

▼ Identificar siempre si el tipo de interés es nominal o efectivo.

▼ Expresar el tiempo en la misma unidad que el tipo.

▼ Representar gráficamente la operación en una línea temporal.

Concepto	Definición	Ejemplo
Valor nominal (N)	Importe que figura en el efecto y que se cobrará al vencimiento	10.000 €
Valor actual (A)	Importe que recibe hoy la empresa al descontar el efecto	9.600 €
Descuento (D)	Diferencia entre N y A	400 €
Tasa de descuento (d)	Tipo aplicado por el banco al nominal	8% anual
Tiempo (t)	Período desde el descuento hasta el vencimiento	6 meses

Tabla 4.6. Cuadro resumen: fórmulas del interés compuesto

4.3 DESCUENTO SIMPLE

En la actividad empresarial, muchas operaciones de compraventa no se pagan al contado, sino que se realizan a crédito: el proveedor entrega la mercancía y el cliente se compromete a pagarla en una fecha futura. Para documentar este compromiso, se utilizan instrumentos financieros como letras de cambio, pagarés o recibos domiciliados.

Aunque estos documentos representan dinero seguro en una fecha futura, las empresas suelen necesitar liquidez inmediata para atender pagos a corto plazo (nóminas, impuestos, proveedores). Para obtener esa liquidez, acuden a su banco y anticipan el cobro de esos efectos mediante una operación llamada descuento simple.

En términos sencillos:

▸ La empresa entrega al banco un efecto cuyo valor futuro es, por ejemplo, 10.000 €.

▸ El banco adelanta a la empresa una cantidad menor (valor actual), descontando intereses y comisiones.

▸ Cuando llega la fecha de vencimiento, el banco cobra al cliente deudor el valor nominal (10.000 €).

Así, el banco obtiene un beneficio (el descuento y las comisiones) y la empresa obtiene liquidez anticipada.

4.3.1 Conceptos básicos

Los elementos principales de una operación de descuento son:

Concepto	Definición	Ejemplo
Valor nominal (N)	Importe que figura en el efecto y que se cobrará al vencimiento	10.000 €
Valor actual (A)	Importe que recibe hoy la empresa al descontar el efecto	9.600 €
Descuento (D)	Diferencia entre N y A	400 €
Tasa de descuento (d)	Tipo aplicado por el banco al nominal	8% anual
Tiempo (t)	Período desde el descuento hasta el vencimiento	6 meses

4.3.2 Descuento comercial simple

El descuento comercial simple es el más habitual en la práctica bancaria.

Fórmulas básicas

$$A = \frac{N}{1 + d \cdot t}$$

$$D = N - A$$

Donde:

▸ **N** = nominal.

▸ **d** = tipo de descuento.

▸ **t** = tiempo en años.

▌ EJEMPLO

Una letra de 10.000 € vence en 180 días. El banco aplica un descuento del 9% anual.

$$A = \frac{10.000}{1 + 0,09 \cdot 0,5} = \frac{10.000}{1,045} = 9.569,38€$$

$$D = 10.000 - 9.569,38 = 430,62€$$

La empresa recibe 9.550 € y el banco cobrará 10.000 € al vencimiento.

4.3.3 Descuento racional simple

En las operaciones de descuento racional simple, el valor actual no se determina aplicando un porcentaje directo sobre el nominal, como ocurre en el descuento comercial.

En este caso, se considera el nominal como un capital futuro que se descuenta mediante la fórmula del interés simple, de manera que el valor actual se obtiene dividiendo el nominal entre 1+d·t.

Este método es más preciso, ya que descuenta sobre el importe que efectivamente se recibirá al vencimiento, y no sobre el nominal directamente.

Concepto	Fórmula	Significado
Valor actual (A)	$A = \dfrac{N}{1 + d \cdot t}$	Es la cantidad que recibe hoy la empresa al descontar el efecto.
Descuento (D)	$D = N - A$	Diferencia entre el nominal del efecto y el valor actual

Tabla 4.7. Fórmulas básicas

EJEMPLO

Se tiene una operación de descuento con las siguientes condiciones:

- **Nominal (N):** 10.000 €
- **Tasa de descuento (d):** 9 % anual
- **Tiempo (t):** $\frac{180}{360} = 0,5$ años

▼ **Cálculos paso a paso:**

1. Aplicamos la fórmula del valor actual:

$$A = \frac{10.000}{1 + 0,09 \cdot 0,5}$$

2. Resolviendo el denominador:

$$A = \frac{10.000}{1 + 0,045} = \frac{10.000}{1,045}$$

3. Operación final:

$$A = 9.569,38 \, €$$

4. Ahora calculamos el descuento:

$$D = 10.000 - 9.569,38 = 430,62 \, €$$

Interpretación de resultados

▼ El **valor actual (A)** indica que la empresa recibe hoy **9.569,38 €** por descontar un efecto de 10.000 € con vencimiento a 6 meses y al 9 % de descuento anual.

▼ El **descuento (D)** representa la **pérdida financiera por anticipar el cobro,** en este caso **430,62 €.**

En conclusión, el descuento racional simple refleja con mayor exactitud el valor financiero de un efecto descontado, ya que se ajusta a la lógica del interés simple aplicado sobre el capital futuro.

4.3.4 Comparación entre descuento comercial y racional

Aspecto	Descuento comercial	Descuento racional
Base de cálculo	Nominal (N)	Valor actual (A)
Fórmula del valor actual	$A = N - Ndt$	$A = \frac{N}{1+dt}$
Descuento aplicado	Mayor	Menor
Coste para el cliente	Más alto	Más bajo
Uso práctico	Habitual en bancos	Poco frecuente, más teórico

4.3.5 4.3.5. Equivalencia entre tasas de interés y descuento

En ocasiones conviene convertir una tasa de descuento en tasa de interés simple equivalente, y viceversa.

Fórmulas de conversión

$$i = \frac{d}{1 - d \cdot t}$$

$$d = \frac{i}{1 + i \cdot t}$$

▍ EJEMPLO

Un banco aplica un descuento comercial del 12% anual a un efecto a 6 meses.

$$i = \frac{0,12}{1 - 0,12 \cdot 0,5} = \frac{0,12}{0,94} = 0,12766 = 12,77\%$$

La tasa de interés equivalente es del 12,77%.

4.3.6 Coste efectivo del descuento con comisiones y gastos

En la práctica, el banco no solo descuenta intereses, sino que añade comisiones y gastos.

EJEMPLO INTEGRAL

Una letra de 5.000 € a 90 días, con:

▼ d = 10% anual,

▼ Comisión del 0,5% sobre nominal,

▼ Gastos fijos: 10 €.

Concepto	Fórmula	Operación	Resultado
Descuento (D)	$D = N \cdot d \cdot \frac{t}{360}$	$5.000 \cdot 0,10 \cdot \frac{90}{360}$	125 €
Comisión (C)	$C = N \cdot c$	$5.000 \cdot 0,005$	25 €
Otros gastos (G')	—	10	10 €
Gastos totales (G)	$G = D + C + G'$	$125 + 25 + 10$	160 €
Valor actual (A)	$A = N - G$	$5.000 - 160$	4.840 €

Tabla 4.8. Cálculo del descuento

El coste real para la empresa no es del 10% anual, sino superior, ya que entran en juego comisiones y gastos fijos.

4.3.7 Gestión de carteras de efectos

Las empresas no suelen descontar un solo efecto, sino **remesas completas**.

Aspectos clave:

▸ **Liquidez inmediata**: los efectos se convierten en dinero disponible.

▸ **Control de vencimientos**: cada efecto tiene fecha de cobro distinta.

▸ **Riesgo de devolución**: si el deudor no paga, el banco repercute el importe más comisiones a la empresa.

Ventaja para la empresa	Riesgo asociado
Obtención rápida de liquidez	Coste financiero elevado
Mejora del flujo de caja	Riesgo de devolución por impago
Posibilidad de anticipar ventas a crédito	Dependencia de la entidad bancaria

Tabla 4.9. Cuadro resumen: ventajas y riesgos

4.3.8 Errores frecuentes y buenas prácticas

Errores frecuentes

▸ No distinguir entre valor nominal y valor actual.

▸ Usar *t* en meses sin convertirlo a años.

▸ Omitir comisiones y gastos al calcular el coste real.

▸ Confundir descuento comercial con racional.

Buenas prácticas

▸ Representar siempre la operación en una línea temporal.

▸ Verificar si el banco aplica año comercial (360 días) o natural (365).

▸ Comparar el coste real entre entidades antes de descontar efectos.

Modalidad	Valor actual (A)	Descuento (D)
Comercial	$A = N - N \cdot d \cdot t$	$D = N \cdot d \cdot t$
Racional	$A = \dfrac{N}{1 + d \cdot t}$	$D = N - A$

Tabla 4.10. Cuadro resumen: fórmulas del descuento simple

4.4 CUENTAS CORRIENTES

La cuenta corriente bancaria es uno de los instrumentos financieros más utilizados por las empresas y particulares para gestionar su tesorería. Se trata de un contrato entre el cliente y la entidad bancaria mediante el cual el banco se compromete a custodiar fondos y a ejecutar las órdenes de pago y cobro que realice el titular.

En la práctica, la cuenta corriente es el centro de operaciones financieras de la empresa: por ella pasan cobros de clientes, pagos a proveedores, transferencias, domiciliaciones, nóminas y movimientos de financiación. Su correcta gestión es fundamental para mantener la liquidez y el equilibrio de la tesorería.

Aunque pueda parecer un producto simple, la cuenta corriente está sujeta a una serie de condiciones financieras: fechas valor, comisiones, intereses acreedores (cuando hay saldo positivo) e intereses deudores (cuando el saldo es negativo). El cálculo correcto de estos elementos permite determinar el coste o beneficio real de la operativa bancaria.

4.4.1 Concepto, estructura y documentación

Una cuenta corriente es un contrato de depósito a la vista que permite:

▸ Realizar **ingresos y retiradas de efectivo**.

▸ Ejecutar **órdenes de pago y cobro** (transferencias, recibos, cheques).

▸ Mantener un **registro de movimientos** (extracto bancario).

Estructura del extracto bancario

El extracto incluye:

- ▼ **Fecha de operación**: día en que se registra el movimiento.

- ▼ **Fecha valor**: día a partir del cual la operación empieza a generar efectos financieros (intereses).

- ▼ **Concepto**: descripción de la operación (transferencia, ingreso, comisión, etc.).

- ▼ **Importe**: cantidad cargada o abonada.

- ▼ **Saldo**: resultado acumulado tras la operación.

4.4.2 Fechas valor y devengo

La **fecha valor** no siempre coincide con la fecha de operación, lo que genera diferencias en el cálculo de intereses.

EJEMPLO

- ▼ Ingreso en efectivo el 10 de abril → fecha valor: 10 de abril.

- ▼ Ingreso de cheque el 10 de abril → fecha valor: 12 de abril.

- ▼ Transferencia recibida el 10 de abril → fecha valor: 10 de abril.

Esto implica que los intereses comienzan a computarse en fechas distintas según la operación.

4.4.3 Procedimientos de liquidación de cuentas

La liquidación de una cuenta corriente es el proceso por el que el banco calcula los intereses generados (positivos o negativos) y aplica las comisiones correspondientes.

Método habitual: sumas-producto

1. Se determina el saldo de la cuenta cada día.

2. Se multiplica el saldo por los días que permanece inalterado → se obtiene el "producto".

3. Se suman los productos de todo el periodo → "suma-producto".

4. Se aplica la fórmula de interés:

$$I = \frac{\text{Suma-producto} \cdot i}{\text{Base}}$$

Donde la base puede ser 360 o 365 según el banco.

4.4.4 Cálculo de intereses en cuentas corrientes

Los intereses pueden ser:

▼ **Acreedores**: a favor del cliente, cuando el saldo es positivo.

▼ **Deudores**: a favor del banco, cuando el saldo es negativo (descubierto).

EJEMPLO

Fecha	Concepto	Importe	Saldo	Días	Producto
01/04	Saldo inicial	-	5.000 €	10	50.000
11/04	Pago proveedor	-2.000 €	3.000 €	15	45.000
26/04	Cobro cliente	+4.000 €	7.000 €	4	28.000

Tabla 4.11. Extracto simplificado de una cuenta

Suma-producto: 123.000

Interés acreedor (1% anual, base 360):

$$I = \frac{123.000 \cdot 0,01}{360} = 3,42€$$

4.4.5 Comisiones y gastos asociados

Además de los intereses, las cuentas corrientes llevan asociadas **comisiones** que afectan al coste real:

- ▶ Comisión de mantenimiento.
- ▶ Comisión de administración.
- ▶ Comisión por transferencias.
- ▶ Comisión por ingreso de cheques.
- ▶ Comisión por descubierto.

Comisión	Base de cálculo	Mínimo
Mantenimiento	Trimestral fijo	15 €
Administración	Por apunte	0,50 €
Descubierto	% sobre mayor saldo deudor	15 €
Transferencia	% sobre importe	3 €

Tabla 4.12. Cuadro de ejemplo: comisiones típicas

4.4.6 Ejemplo integral de liquidación

Una cuenta corriente con saldo inicial de 5.000 € presenta los siguientes movimientos en abril:

- ▶ 10 de abril: pago de 3.000 € a proveedor.
- ▶ 20 de abril: ingreso de 4.000 € de cliente.
- ▶ 30 de abril: transferencia enviada de 2.000 €.

Con un tipo acreedor del 1% y una comisión trimestral de mantenimiento de 15 €, la liquidación sería:

1. **Cálculo de intereses por sumas-producto**:
   - Suma-producto ≈ 150.000.
   - Intereses ≈ 4,17 €.

2. **Comisiones**: 15 €.

3. **Saldo neto**: Intereses – comisiones = –10,83 €.

La empresa paga más en comisiones que lo que recibe en intereses.

4.4.7 Errores frecuentes y buenas prácticas

Errores frecuentes

▼ No tener en cuenta las fechas valor.

▼ Confundir saldo contable con saldo disponible.

▼ Subestimar el impacto de las comisiones.

Buenas prácticas

▼ Revisar periódicamente los extractos y conciliarlos con la contabilidad.

▼ Negociar con el banco la reducción o supresión de comisiones.

▼ Mantener saldos positivos suficientes para evitar descubiertos.

Elemento	Descripción	Impacto
Fecha valor	Día a partir del cual devenga intereses	Afecta al cálculo de intereses
Intereses acreedores	A favor del cliente por saldos positivos	Generalmente bajos
Intereses deudores	A favor del banco por saldos negativos	Altos y con recargos
Comisiones	Cargos fijos o porcentuales	Incrementan el coste de la cuenta
Liquidación	Proceso de cálculo final	Determina coste/ beneficio neto

Tabla 4.13. Cuadro resumen: gestión de cuentas corrientes

4.5 CUENTAS DE CRÉDITO

La cuenta de crédito (también llamada póliza de crédito) es una de las formas más utilizadas por las empresas para financiar su circulante. Se trata de un contrato mediante el cual el banco pone a disposición del cliente una cantidad máxima de dinero durante un periodo determinado, normalmente de uno a tres años.

El cliente no recibe todo el dinero de una vez, sino que puede disponer de él en función de sus necesidades. Por lo tanto, la cuenta de crédito es un instrumento flexible, que cubre desfases temporales entre cobros y pagos.

La entidad bancaria cobra intereses sobre el saldo efectivamente dispuesto, además de aplicar comisiones (apertura, estudio, disponibilidad, no disposición, excedido, etc.), lo que convierte el cálculo de su coste en una tarea fundamental dentro de la tesorería.

4.5.1 Concepto y características

Elemento	Descripción
Límite de crédito	Cantidad máxima que el banco pone a disposición del cliente.
Plazo	Duración del contrato (1–3 años, prorrogable).
Disponibilidad	El cliente puede retirar fondos cuando los necesite, hasta el límite pactado.
Intereses	Se calculan sobre el saldo dispuesto, no sobre el total concedido.
Comisiones	Se aplican por la apertura, mantenimiento, disposición o por excedido del límite.
Garantías	Pueden ser personales (aval) o reales (hipoteca, prenda).

4.5.2 Funcionamiento de una cuenta de crédito

▰ La empresa tiene un límite pactado (ej.: 50.000 €).

▰ Puede disponer de parte o la totalidad de ese límite cuando lo necesite.

▰ Los intereses se calculan solo sobre la cantidad dispuesta y por el tiempo que permanezca usada.

▼ Si no utiliza todo el crédito, puede pagar una comisión de no disposición.

▼ Al final del contrato, debe devolver las cantidades utilizadas y liquidar intereses y comisiones.

EJEMPLO

Una empresa tiene una póliza de 30.000 €. Durante abril:

▼ Días 1–10: saldo dispuesto 10.000 €.

▼ Días 11–20: saldo dispuesto 20.000 €.

▼ Días 21–30: saldo dispuesto 15.000 €.

El interés se calcula en función de estos saldos parciales, no sobre los 30.000 €.

4.5.3 Intereses en cuentas de crédito

Los intereses se calculan mediante el método de **sumas-producto**:

$$I = \frac{\text{Suma de (Saldo dispuesto} \times \text{Días)} \cdot i}{\text{Base (360 o 365)}}$$

EJEMPLO

Datos:

▼ Tipo de interés: 6% anual.

▼ Base: 360 días.

Periodo	Saldo dispuesto (€)	Días	Producto (saldo × días)
1–10	10.000	10	100.000
11–20	20.000	10	200.000
21–30	15.000	10	150.000
Total	-	-	**450.000**

Cálculo de intereses:

$$I = \frac{450.000 \cdot 0,06}{360} = 75€$$

4.5.4 Comisiones habituales en cuentas de crédito

Comisión	Base de cálculo	Ejemplo
Apertura	% sobre el límite concedido	1% sobre 30.000 = 300 €
Estudio	% sobre el límite	0,5% sobre 30.000 = 150 €
Disponibilidad	% sobre el saldo no dispuesto	0,25% trimestral
Excedido	% sobre el saldo que supera el límite	3% sobre el exceso
Cancelación anticipada	% sobre capital pendiente	1%

4.5.5 Liquidación de una póliza de crédito

El coste real de una cuenta de crédito incluye:

▼ Intereses sobre saldo dispuesto.

▼ Comisiones de apertura, estudio y disponibilidad.

▼ Otros gastos (notaría, timbres, gestión).

EJEMPLO INTEGRAL

Póliza de 50.000 € durante 1 año.

▼ Saldo medio dispuesto: 30.000 €.

▼ Tipo de interés: 7%.

▼ Comisión de apertura: 1% (500 €).

▼ Comisión de disponibilidad: 0,25% sobre no dispuesto.

Cálculos:

1. Intereses:

$$30.000 \cdot 0,07 = 2.100€$$

2. **Comisión de apertura:** 500 €.
3. **Comisión de disponibilidad:**

$$(50.000 - 30.000) \cdot 0,0025 = 50€$$

Coste total:

$$2.100 + 500 + 50 = 2.650€$$

4.5.6 Coste efectivo o TAE de la cuenta de crédito

El **coste efectivo** permite comparar la póliza con otras formas de financiación (préstamos, descuentos, etc.). Se calcula como:

Se calcula como:

$$TAE = \frac{\text{Coste total}}{\text{Capital medio dispuesto}}$$

En el ejemplo anterior:

$$TAE = \frac{2.650}{30.000} = 0,0883 = 8,83\%$$

Aunque el interés pactado era del 7%, el coste real asciende al 8,83% por las comisiones.

Aunque el interés pactado era del 7%, el coste real asciende al 8,83% por las comisiones.

4.5.7 Errores frecuentes y buenas prácticas

Errores frecuentes

▸ Creer que el coste se limita al tipo de interés.

▸ No tener en cuenta comisiones de disponibilidad.

▸ Confundir límite concedido con saldo efectivamente dispuesto.

Buenas prácticas

▸ Calcular siempre el coste efectivo incluyendo comisiones.

▸ Negociar con el banco la reducción de comisiones.

▸ Usar la póliza solo cuando sea necesario, para no pagar comisiones de exceso o disponibilidad inútil.

Concepto	Clave
Límite concedido	Cantidad máxima a disposición del cliente.
Intereses	Solo sobre el saldo dispuesto.
Comisiones	Apertura, estudio, disponibilidad, excedido.
Coste real	Superior al interés pactado (incluye comisiones).
Uso adecuado	Financiar desfases temporales de tesorería.

Tabla 4.14. Cuadro resumen: cuenta de crédito

4.6 CÁLCULO DE COMISIONES BANCARIAS

Las comisiones bancarias son cantidades que las entidades financieras cobran a sus clientes como contraprestación por los servicios que prestan. Aunque en ocasiones su importe puede parecer reducido, el efecto acumulado en la tesorería de una empresa puede ser muy significativo.

Para un responsable de tesorería, es imprescindible conocer cómo se calculan estas comisiones, qué tipos existen y cómo evaluar su impacto en la gestión financiera. Solo de este modo se pueden comparar ofertas entre bancos y negociar condiciones más ventajosas.

4.6.1 Tipos de comisiones bancarias más habituales

Comisión	Descripción	Base de cálculo	Forma de aplicación
Mantenimiento	Por tener una cuenta abierta	Trimestral / anual	Fija
Administración	Por cada apunte en cuenta	Nº de operaciones	Variable
Transferencias	Por envío de fondos a otra cuenta	Importe transferido	% + mínimo
Ingreso de cheques	Por tramitar y compensar cheques	Importe del cheque	% + mínimo
Descubierto	Por tener saldo negativo	Mayor saldo deudor	% + mínimo
Reclamación de posiciones deudoras	Por gestión administrativa de un descubierto	Fija	Cargo único
Créditos y préstamos	Apertura, estudio, amortización anticipada	Importe concedido o pendiente	%
Operaciones en divisa	Cambio de moneda o transferencias internacionales	Importe de la operación	% + gastos SWIFT

4.6.2 Fórmulas generales de cálculo

1. **Comisión proporcional con mínimo:**

$$C = \max(B \cdot p, C_{min})$$

- BBB: base (ejemplo: importe de transferencia).
- ppp: porcentaje de comisión.
- CminC_{min}Cmin: comisión mínima aplicada.

2. **Comisión fija:**

$$C = C_f$$

3. **Comisión mixta (fijo + variable):**

$$C = B \cdot p + C_f$$

4.6.3 Ejemplos prácticos

EJEMPLO 1: TRANSFERENCIA NACIONAL

Una transferencia de 2.000 € con comisión del 0,3% y mínimo de 3 €.

$$C = \max(2.000 \cdot 0,003, 3) = \max(6, 3) = 6€$$

EJEMPLO 2: INGRESO DE CHEQUE

Ingreso de cheque de 1.500 € con comisión del 0,4% y mínimo de 4 €.

$$C = \max(1.500 \cdot 0,004, 4) = \max(6, 4) = 6€$$

EJEMPLO 3: DESCUBIERTO EN CUENTA

Saldo negativo de 2.000 € durante 15 días. Comisión: 3% anual con mínimo de 15 €.

$$C = \max\left(2.000 \cdot 0,03 \cdot \frac{15}{360}, 15\right) = \max(2, 5, 15) = 15€$$

EJEMPLO 4: COMISIÓN DE APERTURA DE PRÉSTAMO

Préstamo de 50.000 € con comisión de apertura del 1%.

$$C = 50.000 \cdot 0,01 = 500€$$

4.6.4 Impacto de las comisiones en la tesorería

Las comisiones, aunque parezcan pequeñas, afectan directamente a la liquidez de la empresa.

Tipo de operación	Importe operación	Comisión	% sobre la operación
Transferencia	2.000 €	6 €	0,3%
Ingreso de cheque	1.500 €	6 €	0,4%
Descubierto	2.000 €	15 €	0,75% (15 días)
Préstamo (apertura)	50.000 €	500 €	1%

Tabla 4.15. Cuadro comparativo

La empresa debe sumar estos costes al coste financiero global para calcular la **TAE (Tasa Anual Equivalente)** de su relación con el banco.

4.6.5 Estrategias para reducir el impacto de las comisiones

- ► **Negociación con el banco**: muchas comisiones son negociables si se concentra la operativa en una entidad.

- ► **Paquetización de servicios**: contratar cuentas con tarifa plana.

- ► **Uso de banca electrónica**: suele reducir costes frente a operaciones presenciales.

- ► **Control interno**: evitar descubiertos y operaciones innecesarias.

- ► **Comparación entre entidades**: solicitar simulaciones de comisiones antes de firmar un contrato.

4.6.6 Errores frecuentes y buenas prácticas

Errores frecuentes

- ► Creer que la comisión indicada (ej. 0,3%) es siempre la real, sin comprobar mínimos.

- ► No contabilizar los gastos de divisa o gestión.

- ► No sumar comisiones al coste financiero total de la operación.

Buenas prácticas

▶ Revisar periódicamente el extracto de comisiones.

▶ Solicitar al banco el **libro de tarifas** oficiales.

▶ Usar simulaciones previas para calcular el coste real de operaciones repetitivas.

Tipo de comisión	Fórmula general	Ejemplo
Comisión proporcional con mínimo	C = max(Base × % , Cmín)	Transferencia de 2.000 € con 0,3% y mínimo 3 € → 6 €
Comisión fija	C = Cantidad fija	Mantenimiento trimestral fijo → 15 €
Comisión mixta (fija + variable)	C = Fijo + (Base × %)	Ingreso de cheque de 1.500 € con 0,4% + 4 € → 10 €
Comisión por descubierto	C = max(Saldo deudor × % × t , Cmín)	Saldo de -2.000 € durante 15 días al 3% anual, mínimo 15 € → 15 €
Comisión de apertura de préstamo	C = % × Capital concedido	Préstamo de 50.000 € al 1% → 500 €

Tabla 4.16. Cuadro resumen: fórmulas y ejemplos de comisiones

4.7 HERRAMIENTAS DE CÁLCULO Y CONTROL EN TESORERÍA

La tesorería de una empresa requiere no solo de conocimientos teóricos de cálculo financiero, sino también de instrumentos prácticos que permitan aplicar esos cálculos de manera ágil, sistemática y libre de errores. Las operaciones financieras que vimos en apartados anteriores (interés simple, compuesto, descuento de efectos, liquidación de cuentas corrientes, cálculo de comisiones...) pueden realizarse a mano, pero en la realidad empresarial el volumen de datos y movimientos hace indispensable recurrir a herramientas tecnológicas.

Las más comunes son:

1. Hojas de cálculo, como Microsoft Excel o LibreOffice Calc.

2. Funciones financieras integradas en dichas hojas.

3. Plantillas especializadas, creadas por el propio departamento financiero o disponibles en portales especializados.

4. Sistemas de control y validación que evitan errores en los cálculos.

5. Automatización mediante macros y conexión con otros sistemas.

6. Programas de gestión de tesorería, que integran el control financiero en el ERP de la empresa.

En este apartado se estudiará cada herramienta con ejemplos numéricos, cuadros y recomendaciones de buenas prácticas.

4.7.1 Hojas de cálculo

Las hojas de cálculo son la herramienta básica en cualquier departamento financiero. Permiten organizar datos en filas y columnas, aplicar fórmulas y generar informes.

Ventajas en la tesorería

- Versatilidad: se adaptan a cualquier tipo de cálculo.

- Rapidez: con una fórmula se pueden calcular cientos de operaciones.

- Visualización: permiten usar gráficos y tablas dinámicas.

- Compatibilidad: se integran con programas contables y bancarios.

Limitaciones

- Requieren conocimiento técnico por parte del usuario.

- Son susceptibles a errores de introducción de datos.

- No siempre son seguras frente a modificaciones accidentales.

4.7.2 Funciones financieras

Las hojas de cálculo incluyen funciones financieras preprogramadas que facilitan cálculos complejos. A continuación se muestran las más relevantes en tesorería:

Función	Sintaxis en Excel	Descripción	Ejemplo
VA (Valor Actual)	=VA(tasa; nper; pago; vf; tipo)	Calcula el valor actual de flujos futuros	Valor actual de 10.000 € dentro de 3 años al 5%
VF (Valor Futuro)	=VF(tasa; nper; pago; va; tipo)	Calcula el capital acumulado al final	VF de 5.000 € invertidos al 6% durante 4 años
NPER	=NPER(tasa; pago; va; vf; tipo)	Número de periodos de una operación	¿Cuántos meses tardaré en devolver un préstamo de 10.000 €?
TASA	=TASA(nper; pago; va; vf; tipo)	Calcula la tasa de interés	Tipo aplicado en una hipoteca
PAGO	=PAGO(tasa; nper; va; vf; tipo)	Cuota periódica de un préstamo	Cuota mensual de 100.000 € a 20 años al 4%
TIR	=TIR(valores)	Calcula la rentabilidad de una inversión	Rentabilidad de un proyecto con flujos futuros
TASA.EFECTIVA	=TASA.EFECTIVA(tasa_nominal; nper)	Convierte nominal en TAE	Nominal 12% con capitalización mensual

EJEMPLOS CON EXCEL

1. Valor Actual (VA)

Enunciado: ¿Cuál es el **valor actual** de 10.000 € que se cobrarán dentro de 3 años al 5% anual?

Excel: =VA(5%; 3; 0; 10000; 0)

- **tasa:** 5%
- **nper:** 3 años
- **pago:** 0 (no hay cuotas)
- **vf:** 10000
- **tipo:** 0 (pagos al final)
- **Resultado: 8.638,38 €** (aprox.)

> **ⓘ Nota**
>
> Excel devuelve signo negativo por convención de flujos. Si quieres que salga positivo, pon el **vf** negativo: =VA(5%; 3; 0; -10000; 0).

2. **Cuota de préstamo (PAGO)**

   Enunciado: Préstamo de **100.000 €**, **20 años**, **4%** TIN con **cuotas mensuales**. ¿Cuál es la **cuota**?

   Excel: =PAGO(4%/12; 20*12; -100000; 0; 0)

   - **tasa:** 4%/12
   - **nper:** 20*12 = 240 meses
   - **va:** -100000 (sale dinero, por eso negativo)
   - **vf:** 0
   - **tipo:** 0 (final de periodo)
   - **Resultado: -605,98 €** (la cuota; en valor absoluto **605,98 €**/mes).

3. **Número de periodos (NPER)**

   Enunciado: quiero ahorrar **50.000 €** aportando **800 €/mes** a un **3% anual** (capitalización mensual). ¿Cuánto tiempo tardaré?

   Excel: =NPER(3%/12; -800; 0; 50000; 0)

   - **tasa:** 3%/12
   - **pago:** -800 (aportación mensual; signo negativo)
   - **va:** 0
   - **vf:** 50000
   - **tipo:** 0 (final de periodo)
   - **Resultado: 58,15 meses ≈ 4,85 años** (unos **4 años y 10 meses**).

Tips rápidos

- **Signos**: entradas de dinero (lo que recibes) positivo; salidas (lo que pagas) negativo.
- **tipo**: 0 = al final del periodo; 1 = al principio.
- Para ver los mismos resultados que aquí, usa formato de número/moneda con **coma decimal**.

4.7.3 Plantillas de liquidación

El uso de plantillas estandarizadas es fundamental para agilizar cálculos y evitar errores.

EJEMPLO: LIQUIDACIÓN DE CUENTA CORRIENTE

Fecha	Concepto	Saldo (€)	Días	Producto
01/04	Saldo inicial	5.000	10	50.000
11/04	Pago proveedor	3.000	15	45.000
26/04	Cobro cliente	7.000	4	28.000
Total	-	-	-	123.000

Cálculo de intereses:

$$I = \frac{\text{Suma-producto} \cdot i}{\text{Base}}$$

$$I = \frac{123.000 \cdot 0,01}{360} = 3,42\,€$$

Una plantilla configurada en Excel puede automatizar el cálculo de días, productos y suma total, reduciendo riesgos.

4.7.4 Validación de resultados y control de errores

En tesorería, un error en los cálculos puede tener consecuencias económicas importantes.

Fuentes comunes de error

▶ Introducir mal un dato (ej.: un cero de más en el saldo).

▶ Usar bases de tiempo distintas (360 vs. 365 días).

▶ Confundir tipo nominal con tipo efectivo.

▶ Copiar fórmulas sin referencias absolutas en Excel.

Estrategias de validación

▶ Revisión manual rápica: comprobar si el resultado "tiene sentido" (ej.: si un préstamo de 1.000 € da intereses de 5.000 € en 3 meses, algo está mal).

▶ Verificación cruzada: realizar el cálculo con dos métodos diferentes.

▶ Controles automáticos: incluir celdas de verificación que indiquen si los resultados están en rangos esperados.

4.7.5 Automatización mediante Excel

Las hojas de cálculo permten automatizar tareas repetitivas mediante macros o scripts.

Ejemplos de automatización

▶ Generar un cuadro de sumas-producto con solo introducir movimientos.

▶ Calcular automáticamente la TAE de una operación bancaria incluyendo comisiones.

▶ Exportar los resultados a informes en PDF.

Ventajas:

- ▼ Ahorro de tiempo.
- ▼ Eliminación de tareas repetitivas.
- ▼ Reducción de errores humanos.

Aquí se muestran tres ejemplos de amortización de préstamos en Excel, con fórmulas, tablas y explicación.

EJEMPLO 1: AMORTIZACIÓN FRANCESA (CUOTAS CONSTANTES)

Datos del préstamo:

- ▼ Capital inicial: 12.000 €
- ▼ Plazo: 3 años (36 meses)
- ▼ Interés: 6 % anual (0,5 % mensual)

Cuota en Excel: =PAGO(6%/12;36;-12000;0;0)
Resultado: -365,97 € (cuota mensual).

Mes	Cuota	Interés (saldo×0,5%)	Amortización	Saldo final
1	365,97	60,00	305,97	11.694,03
2	365,97	58,47	307,50	11.386,53
3	365,97	56,93	309,04	11.077,49

Tabla 4.17. Tabla inicial (primeros 3 meses)

EJEMPLO 2: AMORTIZACIÓN AMERICANA (SOLO INTERESES Y CAPITAL AL FINAL)

Datos del préstamo:

- ▼ Capital inicial: 10.000 €
- ▼ Plazo: 5 años (60 meses)
- ▼ Interés: 4 % anual (0,333 % mensual)

Cálculo del interés mensual en Excel: =10000*4%/12
Resultado: 33,33 € de intereses cada mes.

Mes	Interés	Amortización	Cuota total	Saldo final
1	33,33	0,00	33,33	10.000,00
2	33,33	0,00	33,33	10.000,00
...	...	...	...	...
60	33,33	10.000,00	10.033,33	0,00

Tabla 4.18. Tabla inicial

EJEMPLO 3: AMORTIZACIÓN CRECIENTE (CUOTA SUBE CADA AÑO)

Datos del préstamo:

▸ Capital inicial: 15.000 €

▸ Plazo: 3 años (3 cuotas anuales)

▸ Interés: 5 % anual

▸ La amortización de capital es fija: 15.000 / 3 = 5.000 €/año.

Cálculo de intereses del 1º año en Excel: =15000*5%= 750 €

Año	Capital inicial	Amortización	Interés	Cuota total	Saldo final
1	15.000,00	5.000,00	750,00	5.750,00	10.000,00
2	10.000,00	5.000,00	500,00	5.500,00	5.000,00
3	5.000,00	5.000,00	250,00	5.250,00	0,00

Tabla 4.19. Tabla

En resumen:

▸ **Ejemplo 1**: sistema francés (cuotas fijas).

▸ **Ejemplo 2**: sistema americano (solo intereses, capital al final).

▸ **Ejemplo 3**: sistema creciente (amortización fija de capital, cuotas decrecientes).

4.7.6 Programas especializados de gestión de tesorería

Para empresas medianas y grandes, los cálculos manuales o en Excel resultan insuficientes. En estos casos se emplean programas especializados:

Programa	Utilidad	Características
SAP Treasury	Gestión integral de tesorería	Integración con ERP y bancos
Sage XRT	Control de liquidez	Escenarios de previsión de tesorería
Navision (Microsoft Dynamics)	Gestión de cobros y pagos	Integración con contabilidad
Kyriba	Tesorería en la nube	Informes y control de riesgos financieros

Estos programas permiten conexión automática con los bancos, simulación de escenarios financieros y consolidación de datos de filiales.

4.7.7 Cuadro resumen

Herramienta	Utilidad	Nivel de dificultad	Ejemplo
Excel / Calc	Cálculos financieros básicos y avanzados	Medio	Liquidación de cuenta corriente
Funciones financieras	VA, VF, PAGO, TIR, TAE	Medio–alto	Cuota de préstamo en Excel
Plantillas	Procesos recurrentes (sumas-producto, descuentos)	Bajo	Cálculo de intereses en cuenta
Macros	Automatización de cálculos	Alto	Generar informe mensual de intereses
Programas de tesorería	Gestión integral y previsiones	Alto	Simulación de liquidez en SAP

4.8 CUESTIONARIO

1. **En el descuento comercial simple, el descuento DDD de un efecto de 10.000 € a 120 días y d = 8% es:**
   a) 200 €
   b) 222,22 €
   c) 266,67 €
   d) 800 €

2. **El valor actual comercial (solo con interés de descuento, sin comisiones ni gastos) es:**
   a) 9.733,33 €
   b) 9.777,78 €
   c) 9.800,00 €
   d) 9.600,00 €

3. **Considerando comisión 0,50% sobre N y gastos de 12 €, el líquido a recibir por la empresa es:**
   a) 9.688,33 €
   b) 9.733,33 €
   c) 9.738,33 €
   d) 9.788,33 €

4. **En el descuento racional con los mismos datos, el valor actual racional más aproximado es:**
   a) 9.733,33 €
   b) 9.736,84 €
   c) 9.777,78 €
   d) 9.800,00 €

5. Comparando comercial vs racional (sin comisiones), ¿qué afirmación es correcta?

a) El racional da menor valor actual.

b) El racional da mayor valor actual.

c) Son iguales si el plazo es ≤ 120 días.

d) El comercial siempre es más ventajoso para la empresa.

6. En un depósito compuesto (5.000 €, 12% nominal con capitalización mensual, 2 años), el valor futuro es aproximadamente:

a) 6.272 €

b) 6.310 €

c) 6.340 €

d) 6.500 €

7. La TAE del depósito anterior es aproximadamente:

a) 12,00%

b) 12,36%

c) 12,68%

d) 12,75%

8. En la cuenta corriente, con suma-producto total de 145.000 y tipo acreedor 1% (base 360), el interés acreedor del mes es:

a) 4,01 €

b) 4,03 €

c) 4,17 €

d) 4,72 €

9. En la póliza de crédito, el interés trimestral sobre los saldos dispuestos es aproximadamente:

a) 297,22 €

b) 315,28 €

c) 330,00 €

d) 350,00 €

10. En la póliza, la comisión de disponibilidad trimestral (0,25%) sobre el no dispuesto medio es:

a) 31,25 €

b) 56,25 €

c) 62,50 €

d) 93,75 €

Respuestas correctas

1. c

2. a

3. a

4. b

5. b

6. c

7. c

8. b

9. a

10. d

5

Medios y plazos de presentación de la documentación

En el trabajo administrativo diario, una de las funciones más importantes es la presentación de documentación ante organismos públicos. Cada empresa, autónomo o institución, en mayor o menor medida, mantiene una relación constante con la Administración, ya sea para cumplir con sus obligaciones fiscales, laborales o mercantiles, para solicitar ayudas o subvenciones, o para inscribir y legalizar actos jurídicos.

La correcta presentación de la documentación no es una cuestión meramente formal, sino un requisito que tiene consecuencias legales y económicas muy relevantes. Un documento presentado fuera de plazo, en un organismo equivocado o sin las formalidades exigidas puede acarrear:

- Recargos, intereses o sanciones económicas.
- Rechazo del trámite, obligando a repetirlo.
- Pérdida de beneficios fiscales o de subvenciones.
- Retrasos en la inscripción o validez de actos jurídicos esenciales.

Por ello, el profesional administrativo debe conocer qué medios existen para presentar la documentación, cuáles son los organismos competentes, cuáles son los plazos legales aplicables y qué herramientas digitales pueden facilitar la tarea.

La digitalización de la Administración ha supuesto un cambio radical en este ámbito. Si durante décadas la única forma de presentar documentos era acudir en persona a una oficina, hoy la mayoría de los trámites se realizan por vía telemática, a través de las sedes electrónicas de los organismos públicos. De hecho, para empresas y profesionales la presentación telemática no es solo una opción recomendable, sino en muchos casos **una obligación legal**.

Este capítulo se centra en explicar de manera detallada:

▸ Las **formas de presentación** de la documentación (telemática y presencial).

▸ Los **organismos receptores** más importantes: Agencia Tributaria, Seguridad Social y otros registros oficiales.

▸ El proceso de **tramitación online**, incluyendo la obtención y uso de certificados digitales, los plazos de presentación y los sistemas de registro.

▸ Las **herramientas de apoyo digital** (programas de ayuda, pasarelas de pago online, banca electrónica).

▸ Las **consecuencias del incumplimiento** de plazos y formas de presentación.

▸ Las **buenas prácticas** que debe aplicar un profesional administrativo para garantizar la eficacia y legalidad de la gestión documental.

El objetivo es proporcionar al alumno no solo el conocimiento teórico, sino también ejemplos prácticos y recursos útiles que le permitan desenvolverse con seguridad en la realidad profesional.

Al finalizar el capítulo, el estudiante será capaz de:

▸ Diferenciar claramente los distintos medios de presentación documental.

▸ Reconocer qué organismo es competente en cada trámite.

▸ Utilizar de manera correcta un certificado digital para presentar documentación online.

▸ Identificar los plazos aplicables y calcular su vencimiento.

▸ Aplicar herramientas digitales que simplifican la gestión.

▸ Comprender las consecuencias del incumplimiento y prevenirlas mediante una planificación adecuada.

5.1 FORMAS DE PRESENTACIÓN

La presentación de documentación a los organismos públicos es una de las tareas administrativas más habituales en la vida de una empresa, un profesional autónomo o incluso un ciudadano particular. Estos trámites permiten a la Administración recibir, registrar y tramitar la información necesaria para el cumplimiento de obligaciones fiscales, laborales, mercantiles o de otro tipo.

Durante décadas, la única vía existente era la presentación presencial: el interesado acudía a la oficina del organismo competente con los documentos impresos, los entregaba en ventanilla y recibía un sello que acreditaba la entrega. Esta modalidad, aunque todavía vigente, resultaba lenta, costosa y dependía de horarios fijos.

Con la llegada de la **Administración electrónica** y el impulso de la normativa comunitaria (Directiva 2006/123/CE de Servicios, Ley 39/2015 del Procedimiento Administrativo Común de las Administraciones Públicas en España), se ha generalizado el uso de medios telemáticos para la presentación de documentos. Hoy en día, la mayoría de los trámites pueden realizarse en línea, y en el caso de empresas y profesionales, incluso es obligatorio.

Con todo, aún existen situaciones en las que la presentación presencial sigue siendo válida o necesaria. Por ello, un técnico administrativo debe dominar **ambos procedimientos**, conociendo sus ventajas, limitaciones y los pasos concretos para ejecutarlos correctamente.

5.1.1 Presentación telemática

La **presentación telemática** es el procedimiento por el cual la documentación se transmite electrónicamente a través de las sedes electrónicas de los organismos públicos. La Ley 39/2015 establece que los documentos presentados por esta vía tienen plena validez legal, siempre que se realicen mediante un sistema de identificación admitido.

La digitalización ha hecho que esta modalidad sea la preferente y, en muchos casos, obligatoria para empresas y autónomos.

Ventajas

▸ Disponibilidad continua, sin depender de horarios.

▸ Eliminación de desplazamientos físicos.

▸ Obtención inmediata de justificantes electrónicos, verificables mediante un **Código Seguro de Verificación (CSV)**.

▸ Mayor control y trazabilidad de los documentos.

▸ Integración con programas de ayuda que reducen errores.

Requisitos

▸ Ordenador o dispositivo con conexión a internet.

▸ Certificado digital, DNI electrónico o sistema Cl@ve.

▸ Acceso a la sede electrónica del organismo correspondiente.

▸ En algunos casos, software adicional para generar ficheros normalizados.

Procedimiento paso a paso

Ejemplo: presentación de un modelo 111 (retenciones de IRPF ante la AEAT).

1. Acceso a la sede electrónica de la Agencia Tributaria.

2. Identificación con certificado digital.

3. Selección del modelo 111 en el listado de trámites.

4. Cumplimentación del formulario electrónico. También, se puede importar desde otras aplicaciones.

5. Revisión de errores mediante validación automática.

6. Envío y firma electrónica del documento.

7. Obtención del justificante electrónico con CSV.

EJEMPLO

Una empresa debe declarar 5.000 € de retenciones practicadas en un trimestre. Al cumplimentar el modelo 111, el sistema calcula automáticamente el importe a ingresar. El responsable realiza el pago mediante cargo en cuenta y recibe un justificante electrónico que acredita tanto la presentación como el pago.

Aspecto	Presentación telemática
Disponibilidad	24 horas, 7 días a la semana
Identificación	Certificado digital, Cl@ve, DNIe
Justificante	Recibo electrónico con CSV
Tiempo invertido	10-15 minutos por trámite
Seguridad	Alta, gracias al cifrado y autenticación

Tabla 5.1. Tabla comparativa

5.1.2 Presentación presencial

La presentación presencial implica la entrega física de documentos en papel en una oficina de registro o ventanilla única.

Aunque ha perdido protagonismo, sigue siendo necesaria en algunos casos:

▸ Personas físicas no obligadas para relacionarse electrónicamente.

▸ Documentación que requiere compulsa o verificación física.

▸ Trámites excepcionales en los que la vía telemática no está habilitada.

Procedimiento paso a paso

Ejemplo: presentación de un alta de trabajador autónomo en Seguridad Social.

0. Solicitar cita previa en la oficina de la SS.

1. Preparar el formulario TA.0521 en papel y copia.

2. Acudir a la oficina de la Seguridad Social dentro del horario de atención.

3. Entregar el documento en ventanilla.

4. Recibir copia sellada como justificante.

5. Conservar el justificante en el archivo documental.

Ventajas

▼ Atención directa y posibilidad de resolver dudas con un funcionario.

▼ Útil para colectivos sin habilidades digitales.

▼ Permite adjuntar documentación original o compulsada.

Inconvenientes

▼ Limitada al horario de oficina.

▼ Requiere desplazamiento y esperas.

▼ Riesgo de pérdida o deterioro de justificantes físicos.

Aspecto	Telemática	Presencial
Acceso	24/7 por internet	Horario de oficina
Identificación	Certificado digital o Cl@ve	Documento físico
Justificante	Recibo electrónico con CSV	Copia sellada en papel
Coste de tiempo	Bajo	Alto
Seguridad	Copia digital verificable	Riesgo de extravío del papel

Tabla 5.2. Cuadro comparativo

La presentación telemática representa el futuro y el presente en la gestión administrativa, siendo cada vez más obligatoria. La presencial se reserva para situaciones concretas, pero todavía constituye una vía importante para garantizar la accesibilidad universal.

Un buen profesional debe dominar ambas, sabiendo cuándo utilizar cada una y cómo garantizar la validez de los justificantes.

5.2 ORGANISMOS RECEPTORES

La presentación de documentación no es un proceso abstracto: siempre debe dirigirse a un organismo concreto con competencias sobre el asunto que se pretende gestionar. Conocer qué organismo es el receptor correcto es fundamental para que la documentación tenga efectos legales.

Si un documento se presenta en una institución equivocada, puede ocurrir que:

- ▼ El trámite sea rechazado y haya que repetirlo.
- ▼ Se pierda tiempo valioso y se incumplan plazos.
- ▼ Se genere inseguridad jurídica en el procedimiento.

En España, los principales organismos que actúan como receptores de documentación empresarial y administrativa son:

- ▼ **La Agencia Estatal de Administración Tributaria (AEAT)**, para cuestiones fiscales.

- ▼ **La Tesorería General de la Seguridad Social (TGSS)** y demás entidades del sistema de Seguridad Social, para aspectos laborales y de cotización.

- ▼ **Otros organismos competentes**, como el Registro Mercantil, las Administraciones autonómicas y locales, y organismos reguladores sectoriales.

Cada uno de ellos tiene procedimientos propios, plazos específicos y plataformas telemáticas distintas. En este apartado analizaremos cada caso en detalle.

5.2.1 Agencia Tributaria

La Agencia Tributaria es el organismo encargado de la gestión, inspección y recaudación de los impuestos en España. Todas las empresas, profesionales y ciudadanos tienen la obligación de relacionarse con ella para declarar y liquidar tributos.

Documentación habitual que se presenta

▸ **Declaraciones periódicas de impuestos**:
- Modelo 111: retenciones e ingresos a cuenta del IRPF.
- Modelo 115: retenciones por arrendamientos de inmuebles.
- Modelo 303: IVA trimestral.
- Modelo 200: Impuesto sobre Sociedades.

▸ **Modelos informativos**:
- Modelo 190: resumen anual de retenciones.
- Modelo 347: operaciones con terceros superiores a 3.005,06 €.
- Modelo 390: resumen anual del IVA.

▸ **Solicitudes diversas**:
- Devolución de ingresos indebidos.
- Aplazamientos y fraccionamientos de deudas.
- Expedición de certificados: censales, declaraciones tributarias, situación tributaria, contratistas, etc..

Canales de presentación

1. **Sede electrónica de la AEAT**:
   - Es el canal principal y obligatorio para empresas y autónomos.
   - Permite cumplimentar formularios, adjuntar documentación y recibir justificantes electrónicos.

2. **Registro presencial**:
   - Solo en casos excepcionales, como ciudadanos sin obligación de relacionarse electrónicamente.

3. **Registro electrónico común (REC)**:
   - Permite dirigir documentación a la AEAT aunque se presente en otra administración adherida al sistema.

Plazos

Cada modelo tiene un calendario específico. Por ejemplo:

- ► El modelo 303 (IVA trimestral) debe presentarse del 1 al 20 de abril, 01-20 de julio y octubre, y del 1 al 30 de enero.

- ► El modelo 190 (resumen anual de retenciones) debe presentarse del 1-20 de enero.

EJEMPLO DE CÁLCULO DE PLAZO

Una empresa debe presentar el modelo 303 correspondiente al primer trimestre (enero-marzo). La fecha límite es el 20 de abril. Si ese día cae en sábado, el plazo se traslada al siguiente día hábil, es decir, el lunes 22 de abril.

Consecuencias del incumplimiento

- ► **Recargo por presentación fuera de plazo**: del 5% al 20% según el retraso.

- ► **Intereses de demora** sobre las cantidades a ingresar.

- ► **Sanciones económicas** en caso de ocultación o resistencia.

5.2.2 Seguridad Social

La Tesorería General de la Seguridad Social (TGSS) y demás entidades del sistema gestionan las cotizaciones, afiliaciones, altas y bajas de trabajadores, así como prestaciones como jubilación, desempleo o incapacidad temporal.

Documentación habitual

- ► **Altas, bajas y variaciones de trabajadores** (modelo TA.2/S).

- ► **Inscripción de empresas y asignación de código de cuenta de cotización**.

- ► **Cotizaciones mensuales de los trabajadores**, a través del sistema SILTRA.

- ► **Solicitudes de aplazamiento de deudas con la Seguridad Social**.

- ► **Solicitud de certificados relativos a prestaciones**.

Plataformas online

▼ **Sistema RED**: plataforma telemática de uso obligatorio para empresas y despachos profesionales. Permite tramitar afiliaciones, altas, bajas y cotizaciones.

▼ **Sede Electrónica de la Seguridad Social (SEDESS)**: accesible para ciudadanos y empresas, incluye servicios como consultas de vida laboral, certificados y trámites de prestaciones.

Presentación presencial

Aunque la vía telemática es obligatoria para empresas, algunos ciudadanos pueden acudir presencialmente a las oficinas de la Seguridad Social para tramitar gestiones personales (ejemplo: solicitar una pensión).

Plazos

▼ Altas de trabajadores: deben presentarse **antes del inicio de la actividad laboral**.

▼ Cotizaciones: deben liquidarse dentro del mes siguiente al devengo de las retribuciones.

EJEMPLO

Si un trabajador comienza el 1 de junio, su alta debe presentarse **antes de ese día**. Si la empresa liquida las nóminas de junio, la cotización deberá presentarse y abonarse **antes del 31 de julio**.

Consecuencias del incumplimiento

▼ Multas por no dar de alta a un trabajador en plazo.

▼ Recargos en las cotizaciones: 20% del importe no ingresado.

▼ Responsabilidad solidaria del empresario en caso de accidentes laborales sin alta.

5.2.3 Otros organismos competentes

Registro Mercantil

Las sociedades mercantiles tienen la obligación de inscribir actos societarios y presentar cuentas anuales en el Registro Mercantil.

Documentación habitual

- ▼ Escrituras de constitución o modificación de estatutos.

- ▼ Cuentas anuales (balance, cuenta de pérdidas y ganancias, memoria y legalización de libros).

- ▼ Nombramientos y ceses de administradores.

- ▼ Modificaciones estatutarias.

Administraciones autonómicas y locales

Dependiendo de la comunidad autónoma o municipio, pueden requerirse:

- ▼ Licencias de apertura o actividad.

- ▼ Licencias urbanísticas y medioambientales.

- ▼ Declaraciones y pagos de impuestos locales (IBI, IAE, tasas municipales).

Organismos sectoriales

Según la actividad de la empresa, puede ser necesario presentar documentación en:

- ▼ Consejerías de Sanidad, en el caso de empresas alimentarias.

- ▼ Ministerios de Transportes, en el caso de transportistas.

- ▼ Consejerías de Educación, para centros formativos.

Organismo	Documentación habitual	Canal principal	Plazos clave	Consecuencias del incumplimiento
Agencia Tributaria	Declaraciones de IVA, IRPF, Sociedades, modelos informativos	Sede electrónica AEAT	Fechas fijas en calendario fiscal	Recargos, intereses, sanciones
Seguridad Social	Altas, bajas, cotizaciones, prestaciones	Sistema RED, Sede electrónica.	Altas previas al inicio, cotizaciones mensuales	Multas, recargos, responsabilidad empresarial
Registro Mercantil	Cuentas anuales, actos societarios	Registro presencial/ online	Depósito anual antes de julio	Multas y cierre registral
Administraciones locales/ autonómicas	Licencias, tributos propios	Oficinas presenciales y electrónicas	Variable según normativa	Sanciones administrativas, imposibilidad de operar

Tabla 5.3. Cuadro comparativo: Organismos receptores

5.3 ACTIVIDADES DE AUTOEVALUACIÓN

Actividad 1

Indica tres documentos que se presentan habitualmente en la Agencia Tributaria y explica brevemente su finalidad.

Solución

- ▼ Modelo 303: declaración trimestral del IVA.
- ▼ Modelo 111: declaración de retenciones de IRPF.
- ▼ Modelo 190: resumen anual de retenciones.

Actividad 2

Una empresa contrata a un trabajador que empieza el 1 de mayo. ¿Cuándo debe presentar el alta?

Solución

El alta debe presentarse antes del inicio de la actividad laboral, es decir, antes del 1 de mayo.

Actividad 3

Explica qué consecuencias tiene no depositar las cuentas anuales en el Registro Mercantil en el plazo establecido.

Solución

La sociedad puede recibir sanciones económicas y se produce el cierre registral, lo que impide inscribir nuevos actos societarios.

Actividad 4

labora un cuadro comparativo entre la Agencia Tributaria y la Seguridad Social como organismos receptores de documentación.

Solución

Aspecto	Agencia Tributaria	Seguridad Social
Función principal	Gestión de impuestos	Gestión de cotizaciones y prestaciones
Documentos clave	IVA, IRPF, Sociedades	Altas, bajas, cotizaciones
Plazos	Fechas fiscales trimestrales/anuales	Altas previas y cotizaciones mensuales
Consecuencias	Recargos y sanciones fiscales	Multas y recargos en cotizaciones

5.4 TRAMITACIÓN ONLINE

La implantación de la Administración electrónica ha transformado de forma radical la relación entre empresas, autónomos, ciudadanos y organismos públicos. Hoy en día, la mayor parte de los trámites administrativos pueden realizarse por internet, sin necesidad de acudir físicamente a una oficina.

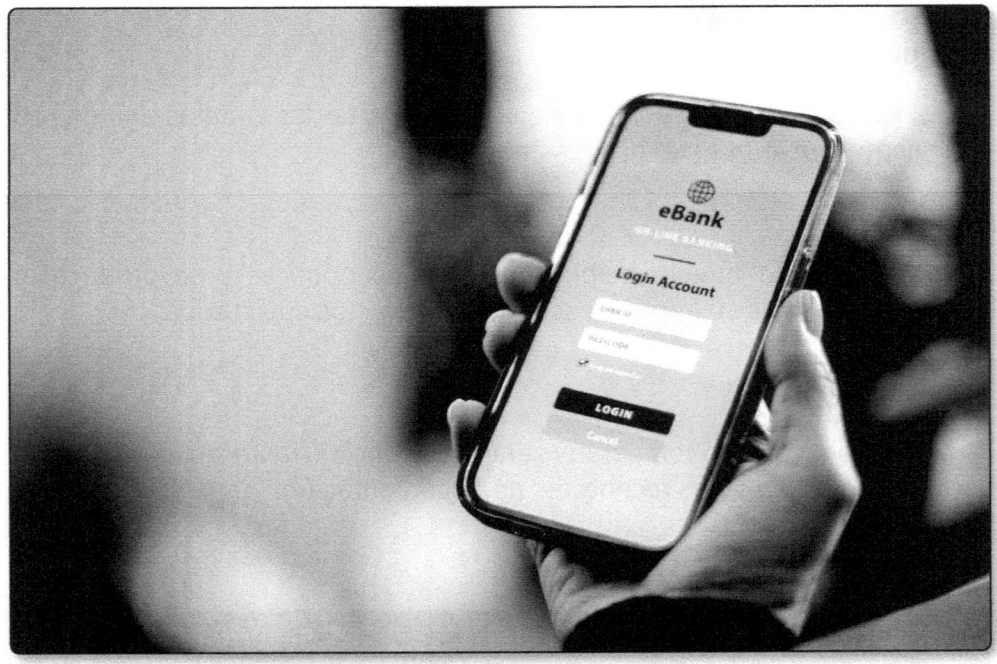

La **tramitación online** no es una opción secundaria, sino la vía preferente y, en muchos casos, obligatoria. La Ley 39/2015, del Procedimiento Administrativo Común de las Administraciones Públicas, establece que las personas jurídicas (empresas), los profesionales colegiados y quienes representen a otros deben relacionarse obligatoriamente por medios electrónicos con las Administraciones Públicas.

Esto significa que un técnico administrativo debe dominar los procedimientos telemáticos, conocer los sistemas de identificación y firma digital, entender cómo funcionan los plazos en la vía online y saber localizar la información y modelos necesarios.

5.4.1 Certificado de usuario

El certificado digital es un archivo electrónico que asocia a una persona o entidad con unos datos de verificación. Permite identificarse ante la Administración y firmar documentos con la misma validez que la firma manuscrita.

Es, en la práctica, la llave que abre las puertas de la tramitación online.

Podemos clasificar los certificados digitales de la siguiente manera:

1. Clasificación según el tipo de identidad

   Según este criterio podemos clasificar los certificados electrónicos fundamentalmente er dos:

   - Certificados de Persona Física. Son los que incorporan la identidad de un sujeto físico o ciudadano. Está orientado a ciudadanos (es decir, a terceros físicos) y están fundamentalmente pensados para trámites personales aunque, en determinadas circunstancias, pueden ser usados en el ámbito profesional.

   - Certificados de Persona Jurídica. Incorporan una identidad jurídica. Su uso está pensado para todo tipo de organizaciones, ya sean empresas, administraciones u otro tipo de organizaciones, todas ellas con una identidad de tipo jurídico.

   - Certificados de entidad sin personalidad jurídica. Vinculan a su suscriptor unos datos de verificación de firma y confirma su identidad para ser utilizados únicamente en las comunicaciones y transmisiones de datos por medios electrónicos, informáticos y telemáticos en el ámbito tributario.

2. Clasificación según el ámbito de aplicación

   Según este criterio encontramos múltiples Certificados, que son algunos de los que ofrecen los distintos proveedores de servicios de certificación:

   - Certificado de servidor
   - Certificado de pertenencia a empresa
   - Certificado de representante
   - Certificado de apoderado
   - Certificado de sello de empresa
   - Certificado de Factura Electrónica
   - Certificado de Colegiado
   - Etc.

3. Certificados software y certificados hardware

Según este criterio, podemos clasificar los certificados electrónicos en dos categorías:

- Certificados software

  Un Certificado electrónico es un documento digital que se puede guardar en una memoria USB, en un ordenador (en el almacén de certificados) o en el disco duro. A ese Certificado se le conoce como certificado software.

- Certificados hardware

  Un certificado también puede estar almacenado en una tarjeta criptográfica, que es una tarjeta que incorpora un chip electrónico. Un ejemplo claro de una tarjeta criptográfica es el **DNI electrónico**. En estas tarjetas es posible almacenar uno o varios certificados electrónicos, lo que se conoce como certificado hardware.

4. Certificados de la Ley 11/2007

La Ley 11/2007 de Acceso Electrónico de los Ciudadanos a los Servicios Públicos en su capítulo II establece las formas de identificación y autenticación que pueden ser usadas para la identificación de la Administración y de la actuación administrativa. Ver **Identidad Digital** para obtener más información sobre los conceptos de identificación y autenticación.

De esos apartados de la Ley y de su reglamento de desarrollo, se derivan los siguientes certificados electrónicos.

- Certificado de Sede Electrónica

  El certificado de Sede es un certificado de Servidor que identifica y autentifica al servidor como Sede Electrónica de una Administración Pública.

  Las sedes electrónicas, cuando sea necesario, dispondrán de sistemas que permiten el establecimiento de comunicaciones seguras. Además, utilizarán sistemas de firma basados en certificados de dispositivo seguro o medio equivalente para identificarse y mantener una comunicación segura.

- Certificado de Sello Electrónico

  Según la Ley, es e. certificado usado para la identificación y la autenticación del ejercicio de la competencia en la actuación administrativa automatizada.

  Esto quiere decir que el Sello Electrónico es el que debe usarse para todos los trámites administrativos que se realizan por medios telemáticos, tanto para la identificación de los servidores y la firma de los documentos electrónicos, como para el establecimiento de comunicaciones seguras entre máquinas.

▶ Certificado de Empleado Público

  Son los certificados que cada Administración Pública puede proveer a su personal para la identificación y autenticación del ejercicio de la competencia de la Administración Pública.

  Identifican de forma conjunta al titular del puesto de trabajo o cargo, y a la Administración u órgano en la que presta sus servicios.

Tipos de certificados expedidos por la Fábrica Nacional de Moneca y Timbre (FNMT):

1. Certificado electrónico cualificado de persona física: expedido a personas físicas de conformidad con el Reglamento (UE) No 910/2014 del Parlamento Europeo y del Consejo, como sistema de identificación electrónica y de creación de firmas electrónicas basadas en certificados cualificados conforme a la Ley 39/2015, del Procedimiento Administrativo Común de las Administraciones Públicas, en virtud de su inclusión en las listas de servicios de confianza (TSL, por sus siglas en inglés).

Certificados de Representación

- Certificado electrónico cualificado de administrador único o solidario: Certificado electrónico cualificado que expide la FNMT-RCM, de conformidad con el Reglamento (UE) No 910/2014, a personas físicas que actúan de representantes de personas jurídicas cuando son administradores únicos o solidarios de las mismas, como sistema de identificación electrónica y de creación de firmas electrónicas basadas en certificados cualificados conforme a la Ley 39/2015, y para la contratación de bienes o servicios propios o concernientes a su giro o tráfico ordinario.

- Certificado electrónico cualificado de representante de persona jurídica:

  Certificado electrónico cualificado que expide la FNMT-RCM, de conformidad con el Reglamento (UE) No 910/2014, a personas físicas que actúan de representantes de personas jurídicas, como sistema de identificación electrónica y de creación de firmas electrónicas basadas en certificados cualificados conforme a la Ley 39/2015, del Procedimiento Administrativo Común de las Administraciones Públicas, en virtud de su inclusión en las listas de servicios de confianza (TSL, por sus siglas en inglés).

- Certificado electrónico cualificado de representante de entidad sin personalidad jurídica:

  Certificado electrónico cualificado que expide la FNMT-RCM, de conformidad con el Reglamento (UE) No 910/2014, a personas físicas que actúan de representantes de entidades sin personalidad jurídica, como sistema de identificación electrónica y de creación de firmas electrónicas basadas en certificados cualificados conforme a la Ley 39/2015, del Procedimiento Administrativo Común de las Administraciones Públicas, en virtud de su inclusión en las listas de servicios de confianza.

2. Certificados de Sector Público (SP)

   - Certificado de firma electrónica del personal al servicio de la Administración Pública:

     Certificado cualificado conforme al Reglamento (UE) No 910/2014 del Parlamento Europeo y del Consejo que, como medio de firma electrónica de conformidad con las Leyes 40/2015 y 18/2011, confirma de forma conjunta: la identidad del Firmante (personal al servicio de la Administración Pública), y la identidad de la Administración, órgano, organismo o entidad de derecho público donde el Firmante ejerce sus competencias, presta sus servicios, o desarrolla su actividad.

- Certificado de firma electrónica del personal al servicio de la Administración Pública en tarjeta criptográfica:

  Certificado cualificado conforme al Reglamento (UE) No 910/2014 del Parlamento Europeo y del Consejo que, como medio de firma electrónica de conformidad con las Leyes 40/2015 y 18/2011, es expedido en tarjeta criptográfica y confirma de forma conjunta: la identidad del Firmante (personal al servicio de la Administración Pública), y la identidad de la Administración, órgano, organismo o entidad de derecho público donde el Firmante ejerce sus competencias, presta sus servicios, o desarrolla su actividad.

- Certificado con seudónimo de firma electrónica del personal al servicio de la Administración de Justicia:

  Certificado cualificado conforme al Reglamento (UE) No 910/2014 del Parlamento Europeo y del Consejo que, como medio de firma electrónica de conformidad con las Leyes 40/2015 y 18/2011, confirman de forma conjunta: la identidad del Firmante (personal al servicio de la Administración de Justicia) mediante su número profesional (seudónimo), y la identidad de la Administración, órgano, organismo o entidad de derecho público donde el Firmante ejerce sus competencias, presta sus servicios, o desarrolla su actividad.

- Certificado de sede electrónica en el ámbito de la Administración:

  Certificado de autenticación de sitio web conforme al Reglamento eIDAS que, de conformidad con las Leyes 40/2015 y 18/2011, se expide a aquellas Administraciones, organismos o entidades de derecho público como sistema válido a los efectos de identificación de las Sedes electrónicas en el ámbito público y para el establecimiento de comunicaciones seguras con ellas.

- Certificado de sello electrónico en el ámbito de la Administración:

  Certificado de sello electrónico conforme al Reglamento eIDAS que, de conformidad con las Leyes 40/2015 y 18/2011, se expide a aquellas Administraciones, organismos o entidades de derecho público como sistema válido a los efectos de identificación y autenticación de la competencia en la actuación administrativa automatizada y la actuación judicial automatizada, y para autenticar documentos expedidos por dicha Administración o cualquier activo digital.

5.4.2 Plazos y registro

Cómputo de plazos en la tramitación online

La presentación telemática obliga a comprender cómo se calculan los plazos:

- Días naturales: incluyen todos los días del calendario.
- Días hábiles: excluyen sábados, domingos y festivos.
- **Hora de corte**: la sede electrónica admite documentos las 24 horas, pero los presentados después de las 23:59 horas cuentan como entregados al día siguiente.

EJEMPLO

Si el plazo vence el 20 de abril y ese día es sábado, el plazo se amplía hasta el lunes 22 de abril (día hábil siguiente).

Registro electrónico

Cada presentación genera un **asiento en el registro electrónico** del organismo. Este registro es equivalente al sello de entrada de un registro físico.

El justificante emitido tiene tres características esenciales:

- Fecha y hora exacta de presentación.
- Número de registro o referencia.
- **Código Seguro de Verificación (CSV)** que permite comprobar la autenticidad.

EJEMPLO DE PLAZO

Una empresa debe presentar el modelo 111 antes del 20 de julio.

- Si lo presenta el 19 de julio a las 23:58 h, el trámite está en plazo.

- Si lo presenta el 20 de julio a las 00:05 h, aunque sea solo cinco minutos después, la presentación se considera fuera de plazo y puede acarrear recargos.

5.4.3 Búsqueda de información

La tramitación online exige no solo capacidad técnica, sino también saber dónde encontrar la información adecuada. Los organismos ponen a disposición del ciudadano recursos para facilitar los trámites.

Fuentes principales

- **Sedes electrónicas oficiales**: cada organismo dispone de su propia sede electrónica donde se encuentran los formularios y modelos oficiales.

- **Manuales y guías de ayuda**: la Agencia Tributaria, la Seguridad Social y otros organismos publican documentos explicativos sobre cómo cumplimentar cada trámite.

- **Bases de datos normativas**: el BOE y los boletines autonómicos son la referencia legal.

- **Atención al ciudadano** existen líneas telefónicas, chats en línea y oficinas virtuales que atienden dudas.

EJEMPLO

Un administrativo necesita presentar el modelo 347 (operaciones con terceros). Accede a la sede electrónica de la AEAT, descarga el manual de ayuda y utiliza el programa proporcionado para generar el fichero telemático.

Elemento	Función	Ejemplo
Certificado digital	Identificación y firma electrónica	Presentar el modelo 303 de IVA
Registro electrónico	Acreditar la fecha y hora de presentación	Acuse con CSV
Plazos telemáticos	Determinar si la presentación está en plazo	Cómputo hasta el día hábil siguiente
Sede electrónica	Canal de acceso a trámites y modelos	AEAT, Seguridad Social
Búsqueda de información	Localizar formularios, guías y normativa	BOE, guías de usuario

Tabla 5.4. Cuadro comparativo: Elementos clave en la tramitación online

5.5 HERRAMIENTAS DE APOYO DIGITAL

La digitalización de la Administración no solo ha transformado las formas de presentación de la documentación, sino que también ha generado un amplio conjunto de herramientas digitales de apoyo que facilitan a empresas, autónomos y ciudadanos la preparación, transmisión y seguimiento de sus trámites.

Estas herramientas cumplen varias funciones esenciales:

- Simplificar la cumplimentación de formularios y modelos.
- Reducir errores mediante validaciones automáticas.
- Agilizar los pagos vinculados a las presentaciones.
- Facilitar el control financiero y documental de la empresa.

En este apartado estudiaremos tres grandes bloques de herramientas:

1. Los programas de ayuda que proporcionan los propios organismos públicos.

2. Los mecanismos de pago online vinculados a los trámites administrativos.

3. El papel de la banca electrónica en la gestión de la tesorería empresarial y la obtención de justificantes.

5.5.1 Programas de ayuda

Los programas de ayuda son aplicaciones informáticas, generalmente gratuitas, desarrolladas por la Administración, que permiten cumplimentar de forma guiada los modelos oficiales de presentación.

Su función principal es homogeneizar la información, evitando errores de formato y asegurando que los datos se ajustan a lo que exige la normativa.

▌ EJEMPLOS

▶ **Agencia Tributaria (AEAT):**
- Renta Web: para la declaración anual de IRPF.
- Programas de IVA (modelo 303).
- Plataforma SII (Suministro Inmediato de Información del IVA).

▶ **Seguridad Social:**
- SILTRA: programa obligatorio para la remisión de cotizaciones.
- RED Directo: herramienta simplificada para pymes y autónomos.

▶ **Otros organismos:**
- Programas autonómicos para subvenciones.
- Plataformas sectoriales (ejemplo: Sanidad o Medio Ambiente).

Ventajas

▶ Interfaz guiada que facilita la cumplimentación.

▶ Validación automática de errores.

▶ Generación de ficheros compatibles con la presentación telemática.

▶ Ahorro de tiempo y mayor fiabilidad.

▌ EJEMPLO

Una empresa debe presentar las cotizaciones de 15 trabajadores. El departamento de administración utiliza el programa **SILTRA**, que genera un fichero de bases de cotización. Posteriormente, este archivo se transmite a la Seguridad Social. El sistema devuelve un recibo con el detalle de las cuotas a ingresar.

5.5.2 Mecanismos de pago online

En muchos casos, la presentación de documentación administrativa está vinculada al pago de impuestos, tasas o cuotas. La Administración ha habilitado varios mecanismos para facilitar estos pagos online, todos ellos con plena validez legal.

Modalidades

1. **Domiciliación bancaria:**

   - El contribuyente autoriza el cargo en su cuenta bancaria.
   - Útil para pagos periódicos (ejemplo: IVA trimestral).

2. **Pago con tarjeta de crédito o débito:**

   - Se realiza en la pasarela de pago de la sede electrónica.
   - El justificante es inmediato.

3. **Pago mediante transferencia:**

   - Utilizado en algunos organismos y tasas específicas.

4. **NRC (Número de Referencia Completo):**

   - Código generado por la entidad bancaria que acredita el pago.
   - Obligatorio en declaraciones como el modelo 200 (Impuesto de Sociedades).

5. **Pago mediante Bizum:**

   - **Se realiza en la pasarela de pago de la sede electrónica.**
   - **El justificante es inmediato.**

▌ EJEMPLO

Una empresa presenta el modelo 200 con un resultado a ingresar de 12.500 €. Realiza el pago mediante tarjeta. La sede electrónica genera un NRC que queda vinculado al justificante de presentación, acreditando que el impuesto está pagado en plazo.

5.5.3 Banca electrónica

La banca electrónica se ha convertido en una herramienta indispensable para la gestión financiera y administrativa de las empresas. A través de ella se pueden realizar operaciones de tesorería sin necesidad de acudir físicamente a una sucursal.

Funciones principales

▼ Consulta y descarga de **extractos bancarios** en distintos formatos (PDF, Excel, XML).

▼ Realización de **transferencias nacionales e internacionales**.

▼ **Domiciliación de recibos** y gestión de adeudos SEPA.

▼ Obtención de **justificantes electrónicos** de operaciones.

▼ Integración con programas de contabilidad y tesorería.

Seguridad en la banca electrónica

La seguridad es un aspecto clave. Los bancos utilizan varios sistemas de protección:

▼ Autenticación en dos pasos (clave de acceso + código SMS o app).

▼ Certificados SSL y encriptación de datos.

▼ Códigos de un solo uso (OTP) para validar operaciones.

EJEMPLO

Un administrativo descarga diariamente los extractos bancarios en formato Excel. Estos se importan al programa de contabilidad, lo que permite conciliar automáticamente los movimientos con el libro de bancos de la empresa.

Herramienta	Finalidad	Ejemplo de uso	Ventajas
Programas de ayuda	Cumplimentar modelos oficiales	SILTRA para cotizaciones	Evitan errores y generan ficheros válidos
Pago online	Liquidar impuestos y tasas	Pago con NRC en el Impuesto de Sociedades	Rapidez y seguridad
Banca electrónica	Gestión financiera y documental	Descarga de extractos para conciliación	Ahorro de tiempo y trazabilidad

Tabla 5.5. Cuadro comparativo: herramientas de apoyo digital

Las herramientas digitales de apoyo son un recurso imprescindible para el trabajo administrativo moderno. Permiten agilizar trámites, reducir errores y mejorar la seguridad en los pagos y registros. El dominio de programas de ayuda, mecanismos de pago online y banca electrónica constituye una competencia básica para cualquier profesional de la gestión administrativa.

5.6 CONSECUENCIAS DEL INCUMPLIMIENTO EN PLAZOS Y FORMAS

El sistema administrativo está basado en normas claras y plazos determinados. Estos plazos aseguran que las obligaciones fiscales, laborales, mercantiles o sectoriales se cumplen de forma ordenada, homogénea y previsible. Presentar la documentación fuera de tiempo o en forma incorrecta **rompe ese equilibrio** y genera consecuencias que pueden ser graves.

La normativa no admite la improvisación: cada declaración, cada alta de trabajador o cada depósito de cuentas tiene un plazo específico. Además, la forma de presentación (telemática o presencial) también está regulada y debe respetarse. Una empresa que no cumple estas condiciones se expone a recargos, sanciones, intereses y a la pérdida de derechos o beneficios.

En este punto estudiaremos en detalle qué ocurre cuando no se cumplen los plazos y formas de presentación, con ejemplos y cuadros explicativos.

5.6.1 Recargos automáticos

Los recargos son cantidades adicionales que se suman a la deuda principal cuando la presentación o el pago de una obligación se realiza fuera de plazo. Se aplican de manera automática y progresiva según el tiempo transcurrido:

- ▼ **5%** si la presentación se realiza dentro de los 3 meses siguientes al vencimiento.

- ▼ **10%** entre 3 y 6 meses.

- ▼ **15%** entre 6 y 12 meses.

- ▼ **20%** si han pasado más de 12 meses (en este caso también se devengan intereses de demora).

Este sistema está recogido en la Ley General Tributaria y se aplica, por ejemplo, a las declaraciones de IVA, IRPF o Sociedades presentadas fuera de plazo.

▌ EJEMPLO

Una empresa debía ingresar 20.000 € de IVA el 20 de abril. Lo hace el 25 de agosto (4 meses tarde). El recargo será del 10%, es decir, 2.000 € adicionales.

5.6.2 Intereses de demora

Los intereses de demora tienen como finalidad compensar a la Administración por el tiempo durante el cual no dispuso de los fondos que correspondían.

- ▼ Se calculan aplicando un porcentaje anual fijado por ley (por ejemplo, 4,0625% en 2024).

- ▼ Empiezan a contarse desde el día siguiente al vencimiento del plazo hasta el día de pago efectivo.

- ▼ Se aplican tanto en deudas tributarias como en cotizaciones a la Seguridad Social.

▌ EJEMPLO – CÁLCULO DE INTERESES DE DEMORA

Concepto	Valor	Explicación
Principal (importe debido)	6.000 €	Es la cantidad que debía pagarse en enero.
Tipo de interés anual	4 % (0,04 en tanto unitario)	Es el porcentaje fijado por la normativa como interés de demora.
Tiempo de retraso	10 meses = 10/12 años = 0,83 años aprox.	Se convierte a fracción de año porque la fórmula trabaja en años.
Fórmula aplicada	$I = C \times i \times t$	C = 6.000; i = 0,04; t = 10/12.
Intereses generados (I)	200 €	6.000 × 0,04 × 10/12 = 200 €.
Total a pagar	6.200 €	Principal (6.000 €) + Intereses (200 €).

Explicación paso a paso

1. **Identificación del capital debido (C):** el autónomo debía pagar 6.000 €.

2. **Aplicación del tipo de interés (i):** la ley fija un 4 % anual como interés de demora.

3. **Conversión del tiempo (t):** el retraso fue de 10 meses → 10/12 = 0,83 años.

4. **Cálculo de intereses (I):**

   $I = 6.000 \times 0,04 \times \frac{10}{12} = 200\ €$

5. **Resultado final:** el autónomo deberá abonar 6.200 €, de los cuales 200 € corresponden al recargo por demora.

5.6.3 Sanciones administrativas

Cuando el incumplimiento va más allá de un simple retraso, entramos en el ámbito de las sanciones. Estas se aplican cuando existe negligencia, ocultación o resistencia frente a la obligación administrativa.

Ámbitos más frecuentes de sanción

- ▼ **Tributario:** declaraciones incompletas o falsas, ocultación de ingresos, resistencia a inspecciones.

- ▼ **Seguridad Social:** no dar de alta a trabajadores, falsear bases de cotización, retrasos reiterados en el ingreso de cuotas.

- ▼ **Mercantil:** no depositar cuentas anuales en el Registro Mercantil o hacerlo con información incorrecta.

Las sanciones pueden ser muy elevadas. Por ejemplo, no dar de alta a un trabajador puede suponer multas que oscilan entre 3.000 y 10.000 €, dependiendo de la gravedad.

5.6.4 Pérdida de derechos y efectos legales

El incumplimiento de plazos también puede generar la pérdida de derechos que, de otra forma, hubieran sido legítimos.

EJEMPLOS FRECUENTES

- ▼ Una empresa que presenta tarde la solicitud de una subvención queda automáticamente excluida, aunque cumpla todos los requisitos.

- ▼ Un trabajador que no presenta en plazo una reclamación pierde el derecho a que se tramite.

- ▼ Una sociedad que no deposita sus cuentas anuales en el Registro Mercantil pierde la posibilidad de inscribir nuevos actos (cierre registral).

Este tipo de consecuencias no se mide en dinero directo, sino en **oportunidades perdidas** y limitaciones legales.

5.6.5 Impacto reputacional

La Administración no es el único actor que observa el cumplimiento de plazos. Los bancos, proveedores y socios comerciales también valoran el nivel de seriedad administrativa de una empresa.

- ▼ Una compañía que presenta sistemáticamente tarde sus impuestos puede ser vista como un cliente de riesgo.

- ▼ Un proveedor puede desconfiar de una empresa que no cumple plazos legales, temiendo que tampoco cumpla plazos comerciales.

- ▼ En licitaciones públicas, las empresas con historial de incumplimientos quedan en peor posición.

La reputación administrativa se convierte así en un **activo intangible** que influye en la competitividad.

Consecuencia	Descripción	Ejemplo
Recargos	Cantidad adicional sobre la deuda según retraso	IVA 4 meses tarde → recargo 10%
Intereses de demora	Compensación económica a la Administración	6.000 € con 10 meses de retraso → 200 €
Sanciones	Multas por ocultación, negligencia o fraude	No alta de trabajador → multa 10.000 €
Pérdida de derechos	Exclusión de trámites por fuera de plazo	Subvención presentada tarde → denegada
Reputación	Desconfianza de terceros	Bancos no conceden crédito

Tabla 5.6. Cuadro resumen

5.7 BUENAS PRÁCTICAS EN LA GESTIÓN DOCUMENTAL

La forma más efectiva de evitar recargos, sanciones e incumplimientos es adoptar un sistema sólido de buenas prácticas de gestión documental. Estas prácticas no solo sirven para cumplir la normativa, sino que también aportan eficiencia, orden y seguridad a la empresa.

En la actualidad, la gestión documental no se limita a archivar papeles, sino que implica el uso de tecnologías digitales, la planificación anticipada y la formación continua del personal. Un profesional administrativo debe ver la documentación no como un trámite aislado, sino como un **flujo de información** que debe organizarse y mantenerse bajo control.

5.7.1 Planificación anticipada de plazos

Planificar es anticiparse. Un calendario bien diseñado reduce al mínimo el riesgo de incumplimiento.

- ▼ Crear un calendario fiscal y laboral anual con todas las fechas clave (IVA, IRPF, cotizaciones, Registro Mercantil).

- ▼ Fijar fechas internas anteriores a la fecha oficial de vencimiento, para trabajar con margen.

- ▼ Coordinar la planificación con los departamentos implicados (contabilidad, RR. HH., dirección).

EJEMPLO

Si el IVA vence el 20 de abril, la fecha interna de la empresa será el 15 de abril. Esto permite corregir errores o resolver incidencias técnicas sin riesgo de incumplimiento.

5.7.2 Uso de alertas electrónicas

Los sistemas de alertas permiten automatizar recordatorios y reducir la dependencia de la memoria humana.

- ▼ Configurar alarmas en el software de gestión.
- ▼ Usar calendarios digitales con notificaciones automáticas.
- ▼ Activar avisos en la sede electrónica de la AEAT o Seguridad Social.
- ▼ Establecer un sistema de doble control: un responsable crea la alerta y otro confirma su cumplimiento.

5.7.3 Conservación y organización de justificantes

El justificante es la **prueba legal** de que un trámite se ha realizado. Sin él, es como si no se hubiera hecho.

▸ Conservar copias electrónicas de todos los justificantes en carpetas ordenadas por año y tipo de impuesto o trámite.

▸ Usar nomenclaturas claras en los archivos (ejemplo: IVA_T1_2024_CSV.pdf).

▸ Realizar copias de seguridad en la nube o discos externos.

▸ Digitalizar los justificantes en papel para unificar el archivo documental.

5.7.4 Formación y actualización del personal

El error humano es uno de los mayores riesgos en la gestión documental. Para reducirlo, es imprescindible invertir en formación:

▸ Cursos de actualización en fiscalidad, laboral y normativa mercantil.

▸ Talleres de uso de certificados digitales, programas de ayuda y banca electrónica.

▸ Elaboración de manuales internos de procedimientos.

▸ Revisión periódica de cambios normativos para adaptar la práctica diaria.

5.7.5 Revisión normativa periódica

Las normas cambian constantemente. Un trámite que el año pasado se podía presentar en papel puede ser obligatorio telemáticamente este año.

▸ Revisar el BOE y boletines autonómicos de forma periódica.

▸ Suscribirse a boletines informativos de la AEAT, Seguridad Social y otros organismos.

> ▸ Establecer una persona responsable de la vigilancia normativa dentro de la empresa.

5.7.6 Cultura organizacional orientada al cumplimiento

Más allá de las herramientas técnicas, la empresa debe desarrollar una cultura interna de cumplimiento. Esto significa que todos los niveles de la organización entienden la importancia de respetar plazos y procedimientos.

> ▸ La dirección debe dar ejemplo y priorizar la gestión documental.

> ▸ Los empleados deben asumir que presentar correctamente la documentación es parte de la calidad del servicio.

> ▸ Se deben establecer protocolos claros y auditables.

Buena práctica	Beneficio
Planificación anticipada	Minimiza el riesgo de incumplimiento
Alertas electrónicas	Automatiza recordatorios
Conservación de justificantes	Aporta seguridad jurídica
Formación continua	Reduce errores humanos
Revisión normativa	Mantiene procedimientos actualizados
Cultura de cumplimiento	Mejora la imagen y reputación

Tabla 5.7. Cuadro resumen

Las buenas prácticas en la gestión documental no son un añadido opcional, sino un **pilar estratégico** para cualquier empresa o profesional. Permiten prevenir sanciones, ganar eficiencia y transmitir confianza tanto a la Administración como a terceros.

Adoptarlas de forma sistemática asegura no solo el cumplimiento normativo, sino también una gestión moderna, segura y profesional.

5.8 CUESTIONARIO

1. **¿Cuál es la vía preferente y, a menudo, obligatoria para empresas y profesionales al presentar documentación ante la Administración?**
   a) Presencial en ventanilla
   b) Telemática a través de sedes electrónicas
   c) Por correo postal certificado
   d) Mediante burofax

2. **¿Qué credencial garantiza identidad y firma en la presentación telemática con plena validez jurídica?**
   a) Usuario y contraseña de la web del organismo
   b) Certificado digital / DNIe / Cl@ve
   c) Token de banca electrónica
   d) Código CSV impreso

3. **Una ventaja clave de la presentación telemática es:.**
   a) No requiere revisar errores
   b) La Administración registra sin justificante
   c) Disponibilidad 24/7 y justificante con CSV
   d) Evita cualquier sanción futura

4. **En presentación presencial, el justificante típico es:**
   a) PDF con CSV
   b) Copia sellada en papel
   c) Pantallazo de la cita previa
   d) SMS de confirmación

5. **¿Cuál no es un organismo receptor habitual para documentación empresarial en España?**

   a) Agencia Tributaria (AEAT)

   b) Tesorería General de la Seguridad Social (TGSS)

   c) Registro Mercantil

   d) Banco de España para depósito de cuentas anuales

6. **El modelo 303 (IVA trimestral) suele presentarse:**

   a) Del 1 al 15 del mes siguiente

   b) Del 1 al 20 de abril, julio, octubre y hasta el 30 de enero

   c) Solo en enero

   d) Del 20 al 30 de cada mes

7. **El alta de un trabajador en Seguridad Social debe presentarse:**

   a) En cualquier momento del mes

   b) Dentro de los 3 días siguientes al inicio

   c) Antes del inicio de la actividad laboral

   d) Con la primera nómina

8. **El registro electrónico al presentar telemáticamente genera:**

   a) Un CSV, fecha/hora y número de asiento

   b) Únicamente un e-mail informativo

   c) Solo un justificante interno del ERP

   d) Un SMS sin validez jurídica

9. **En el cómputo de plazos, si el vencimiento cae en sábado:**

   a) Se adelanta al viernes anterior

   b) Se traslada al siguiente día hábil

   c) Se mantiene el sábado hasta las 23:59

   d) Se prorroga una semana

10. El NRC (Número de Referencia Completo) acredita:

a) La firma del certificado digital

b) El pago de ciertos tributos a través del banco

c) La compulsa de documentos

d) La autenticidad de un CSV

11. ¿Cuál de estos programas de ayuda es propio de Seguridad Social?

a) Renta Web

b) SILTRA

c) Modelo 200 web

d) SII (Suministro Inmediato de Información)

12. Una ventaja de la banca electrónica para la gestión documental es:

a) Evita el uso de certificados

b) Permite descargar extractos e integrar justificantes en contabilidad

c) Sustituye al registro electrónico del organismo

d) Elimina la necesidad de conciliaciones

13. Los recargos automáticos por presentación fuera de plazo (LGT) comienzan en:

a) 2%

b) 5%

c) 8%

d) 10%

14. Los intereses de demora se calculan:

a) A un tipo anual legal desde el día siguiente al vencimiento hasta el pago

b) A un tipo pactado con el banco

c) Solo si supera 12 meses de retraso

d) Únicamente en deudas con TGSS

15. Una consecuencia mercantil por no depositar las cuentas anuales en plazo es:

a) Reducción del Impuesto sobre Sociedades

b) Cierre registral e imposibilidad de inscribir actos

c) Anulación de la sociedad

d) Exención de sanciones

16. Una buena práctica para evitar incumplimientos es:

a) Fechas internas posteriores al vencimiento legal

b) Calendario anual con fechas internas anteriores al vencimiento

c) cPresentar todo el último día del plazo

d) Evitar alertas automáticas para no saturar

17. En conservación de justificantes, una pauta recomendable es:

a) Guardar solo en papel

b) Guardar PDFs con nomenclatura clara y copias de seguridad

c) Guardar pantallazos en el móvil

d) Depender del histórico del banco

18. La revisión normativa periódica se refuerza con:

a) Consulta del BOE y boletines autonómicos, y suscripción a avisos de AEAT/TGSS

b) Redes sociales de terceros

c) Noticias generalistas

d) Comentarios en foros

19. La cultura de cumplimiento implica:

a) Que solo el departamento fiscal conoce los plazos

b) Protocolos claros, liderazgo de la dirección y responsabilidad compartida

c) Presentar siempre presencial

d) Delegar todo en la asesoría externa

20. En presentación presencial, ¿cuál es un inconveniente típico?

a) Genera CSV automáticamente

b) Depende de horarios, desplazamientos y riesgo de extravío del papel

c) No requiere identificación

d) Siempre más barata

Respuestas correctas

1. b

2. b

3. c

4. b

5. d

6. b

7. c

8. a

9. b

10. b

11. b

12. b

13. b

14. a

15. b

16. b

17. b

18. a

19. b

20. b

SÍGUENOS EN INSTAGRAM Y ACCEDE GRATIS A NUESTRA BIBLIOTECA DIGITAL DURANTE 30 DÍAS.

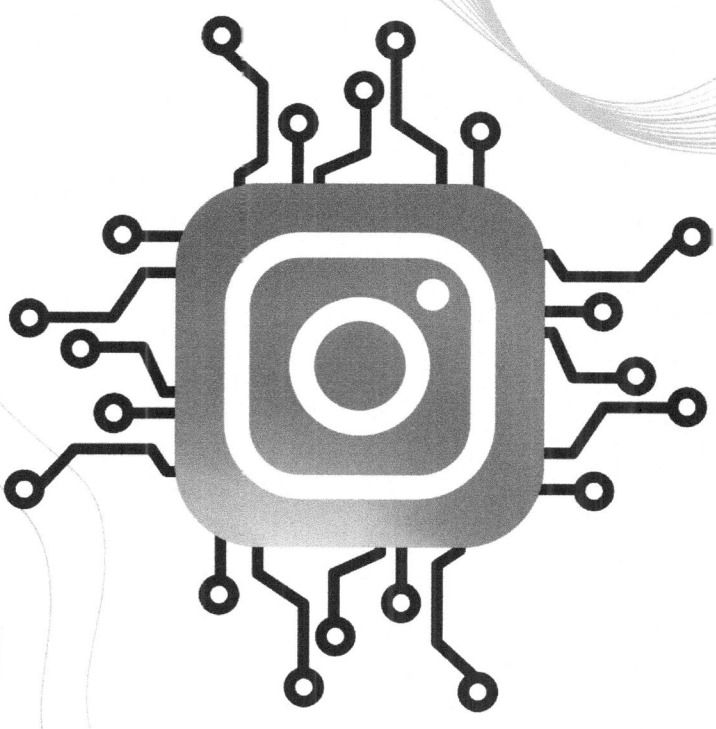

@grupoeditorialrama

¡ENVIANOS TU MAIL POR PRIVADO!

Grupo Editorial
ra-ma

40 ANIVERSARIO